아이의 사회성 부모의 말이 결정한다

아이의 사회성
부모의 말이 결정한다

2판 1쇄 2019년 5월 30일
2판 3쇄 2020년 12월 10일

지은이 임영주

펴낸이 정연금
펴낸곳 멘토르
등록 2004년 12월 30일 제 302-2004-00081호
주소 서울시 광진구 능동로 331 2층
전화 02-706-0911
팩스 02-706-0913
이메일 mentorbooks@naver.com
ISBN 978-89-6305-622-7 (13370)

※ 책값은 뒤표지에 있습니다.
※ 잘못된 책은 바꾸어 드립니다.
※ 노란우산은 (주)멘토르출판사의 아동서 및 자녀교육서 브랜드입니다.

아이의 사회성 부모의 말이 결정한다

사회성을 발달시키는
부모의 말, 아이의 말

임영주 지음

프롤로그

우주에서 가장 아름다운 생명체가 지구에서 살아가는 이유는 부모님들 덕분입니다

아이를 키우는 데 정답은 없다고 합니다. 이제 처음으로 부모가 된 엄마아빠. 그러나 아이는 절대 봐주지 않습니다. 초보 부모의 허둥거림을 아는지 모르는지 아이는 애정과 관심을 쏟을수록 더욱 당황스런 상황을 자아내며 자랍니다.

첫째는 그럴 수 있지. 둘째 아이는 좀 더 잘 키우겠지…….

그러나 자식은 아롱이다롱이라더니 경험이 무색하게 둘째 또한 나름의 시험에 들게 합니다. 부모에게 '둘째 아이 키우기' 역시 처음이기는 마찬가지입니다.

아이가 자랄수록 어떻게 키워야 하는가의 수수께끼는 더 어려워집니다. 사춘기에 접어들었는지 퉁명스럽게 말하고 때론 부모를 귀찮아하며 말을 걸어도 시큰둥하고 심지어는 무시하는 것도 같습니다. 부모교육 책을 읽어가며 얼마나 사랑하고 애쓰며 키웠는데……. 이 아이가 알기는 하는 걸까요? 알아주길 바란 건 아니지만, 가끔은 힘이 빠집니다.

초등학교 시절을 거쳐 중·고등학교 시기 그리고 아이가 자라 더 이상 '아이'라는 호칭이 무색한 나이가 되었을 때, 또 부모와 자녀는 어떤 관계가 되어야 좋은 건지…….

　이 책은 그런 이야기들을 풀어나갔습니다.

　부모의 이론과 지식으로 자녀를 일방적으로 이끌려 하지 말고, 아이를 믿고 격려의 눈으로 바라보며 따뜻하게 칭찬하기, 부모의 말이 아이에게 그대로 전달되며 그것이 사회성으로 연결된다는 이야기, 그리고 끊임없이 '우리는 널 믿는다'는 믿음의 메시지를 보내면 좋겠다는 생각도 담았습니다. 삶의 현장 구석구석에서 부모가, 우리의 아이가 어떤 생각을 하며 살아가고 있는지, 부모교육 강연장에서 만난 부모님들의 아이를 잘 키우고 싶어 하는 열망 등을 이 책을 통해 보여드리고 싶었습니다.

　이 책은 아이를 독립적으로 키우라고 격려합니다. 그래야 아이들이 서로 책임 전가하지 않고 이해하며 배려하고 씩씩하게 커간다고 믿는 까닭입니다. 또 모든 가정에서 기본과 예의를 갖추고 진심어린 말을 하도록 길러야 한다고 강조합니다. 그런 아이들이 유아교육기관에서, 학교에서, 나아가 성인이 되었을 때 아름다운 인간관계를 맺는다고 여기기 때문입니다.

　그러므로 이 책은 부모가 바람직한 롤모델이 되어야 한다고 주장합니다. 부모는 앉을 때도 밥을 먹을 때도 다른 사람과 전화 통화를 할 때도 심지어 운전을 할 때도 자녀를 의식해서 말하고 행동해야 한다고 합니다. 그래서 부모 노릇은 결코 쉬운 일이 아님을 얘기합니다. 부모는 자녀가 있는 데서는 마음대로 행동할 수 없는 '신이 보내준 사람'이라고 말하고 있습니다. 부모의 모든 행동은 그대로 자녀에게 '가르침'으로 전해지기 때문입니다.

　부모는 자녀에게 모범이 되어야 합니다. 부모보다 더 가깝고 영향력이 큰 롤모델은 없으니까요. 세상 어느 곳에도 내 자녀에게 부모만한 멘토는 없습니다. 그러니 부모는 기쁜 마음으로 솔선수범해야 하지요.

　이 책은 이 모든 것을 이론이 아니라 '실제 사례'를 통해 보여줍니다. 우리의 소중한 아이들이 대화하면서 부모를 어떻게 묘사하는지, 10대의 남자아이는 시험을 치른 날 어떤 두려움에 사로잡혀 있는지, 아이들이 원하는 엄마상은 어떤 모습인지, 그리고 다 자란 20대, 30대 자녀와 이제는 노년으로 접어든 부모의 이야기…….

　얼마만큼 아느냐보다는 그것을 얼마나, 어떻게 실천하느냐가 성공적인 자녀 양육의 열쇠입니다. 보물창고가 어디에 있는지와 그 창고에 원하는 보물이 가득하다는 사실을 아는 것은 이론과 지식입니다. 우리는 이미 알고 있습니다. 이제 보물창고의 열쇠를 열고 들어가 성공적인 자녀교육을 하게 되리라 믿으며, 이 책이 그 열쇠가 되었으면 합니다. 우리의 자녀도 언젠가는 부모가 되겠지요. 부모님이 온 생애를 바쳐, 얼마나 큰 정성을 들여 자신을 키웠는지 자녀들도 알고 그들의 아이들도 그렇게 키우는 부모가 되었으면 좋겠습니다. 언젠가 우리의 자녀에게도 이 책은 보물창고의 열쇠가 될 것이라고 확신합니다.

　이 책은 거리에서, 카페에서, 강의실에서 만난 우리들의 이야기입니다. 이 이야기들에서 희망을 봅니다. 때로는 놀랍고, 때로는 믿기지 않는 에피소드도 있지만, 그 또한 우리에게 교훈이 되는 소중하고 귀한 일화입니다. 모든 부모는 한 맘을 가졌습니다. 바로 '자식 잘 키우기'입니다. 그래서 어떤 이야기든 귀 기울여 듣고 가슴에 소중하게 담아 풀어냈습니다.

　이 책은 부모의 말과 아이의 말을 중심으로 풀어나갔습니다. '말은 맘'이며 맘에는 배려, 사랑, 양보, 친절함, 따스함 등 한 사람의 인성이 고스란히 담겨 있습니다. '마음으로부터 시작된 말'이 내 아이의 사회성, 나아가 내 아이의 미래와 21세기 글로벌 리더의 출발점이 된다는 것을 다시 한 번 강조하고 싶었습니다.

그러나 '맘'은 보이지 않기에 오늘날같이 디지털 시대에는 아날로그처럼 느껴지기도 합니다. 맘먹기도 힘들고 맘대로 안 되는 게 '맘'이어서 이를 이야기하는 것은 늘 안개 속을 걷는 것만큼 불확실하지만 분명한 것은 맘이 모든 것의 시작이라는 점입니다. 말에는 맘을 담아야 하고 아이들의 세계가 행복하려면 제대로 된 말이 그 바탕에 있어야 합니다. 말을 바꾸면 모든 게 달라집니다.

내 아이부터입니다.

이제부터 다시 '내 아이의 사회성, 부모의 언어로부터 키워진다'는 신념을 실천해보면 어떨까요. 내 소중한 아이가 유아교육기관과 초등학교에 입학을 하고 질풍노도의 시기를 거치면서 중학교, 고등학교를 잘 다니고, 군대 다녀오고, 직장에 다니고, 결혼을 하고, 아이를 낳고……. 부모가 자식 걱정하지 않고 부모의 삶을 잘 살려면, 지금부터입니다.

'아이 키우기'는 이 세상에서 가장 잘해야 하는 일이며, 인간으로서 큰 보람을 느낄 수 있는 중요한 일입니다. 세상은 이런 보람으로 함께하는 부모가 있어 제대로이고 살 만합니다.

우리 아이들이 서로 사랑하며 이해하고 배려하며 어우러지는 아름다운 별 지구, 지구가 더욱 밝게 빛나는 이유는 부모님, 당신들이 존재하기 때문입니다. 부모님, 당신들이 우리 아이들을 잘 키운 덕분입니다. 이 지구가 온 우주에서 가장 아름다운 별이 된 까닭이고 우주에서 가장 아름다운 생명체가 살게 된 이유입니다.

부모라는 이름으로 더 많이 행복하세요.

2013년 3월
임 영 주

목차

프롤로그 우주에서 가장 아름다운 생명체가 지구에서
살아가는 이유는 부모님들 덕분입니다 004

Part 01
자기주도적 아이로 키우는 부모의 말과 생활습관

01. 자기주도적 학습만큼 중요한 자기주도적 생활습관 014
02. 상위 1퍼센트 아이, 식탁 예절부터 키워라 026
03. 어른과 아이 사이 038
04. 모든 Q와 유머감각은 통한다 046
05. '자기이해지능'을 발달시키는 부모 058

Special column 리더(leader)는 리더(reader)다 068

Part 02
마마보이, 마마걸로 키우는 부모

01. 엄마, 나 어떡해　074
02. 위험한 아빠, 딸바보 아빠　086
03. 아이에게 상처를 가르치는 부모　096
04. 믿음직한 국군장병 아저씨가 그리운 이유　104
05. 이 시대 부모들의 '아낌없이 주는 나무'　116

Special column 가르치는 발음보다 들려주는 발음이 중요하다　128

Part 03
사회성을 발달시키는 부모의 말, 말, 말

01. 맞지 말고 때리래요 136
02. 분명히 말로 맞을 거야 144
03. 언어는 매직, 이제는 부드러운 소통의 시대 156
04. 어른의 말 한마디 164
05. 노블레스 오블리주, '미안해'의 위력 176

Special column 공감하며 말하기 186

Part **04**

자녀교육의 열쇠, 행복한 가정

01. 어느 은둔형 외톨이가 일으킨 참사 194
02. 엄마, 미역국 많이 드세요 206
03. 너에 대해 알고 싶어 216
04. 아이가 좋아하는 것을 아는 당신은 말 통하는 부모 224
05. 자녀교육의 열쇠, 행복한 가정 234

Special column 부모의 말이 형제자매 사이를 결정한다 248

에필로그 내 아이의 말을 위한 시 254

Part 01

자기주도적 아이로 키우는 부모의 말과 생활습관

"
좀 전에 제이미와 한나는 분명 샤워를 했습니다. 7시쯤 제가 화장실에서 나온 이후, 둘은 번갈아 욕실을 사용했습니다. 하지만 제가 샤워를 하러 들어가 아무리 욕조와 세면대를 살펴보아도 어떤 흔적도 없습니다. 분명 몇 분 전에 두 사람이나 샤워를 했는데, 그것도 이제 막 고등학교 졸업과 대학 입학을 앞둔 머리 긴 아가씨들이 들어갔다 나왔는데 말입니다.

그들이 남긴 흔적이라고는 막 돌아가고 있는 팬뿐입니다. 더운 김을 빼기 위해 틀어놓은 팬과 약간의 열기만이 누군가 욕실을 사용했다고 말해줍니다.

당연히 화장실과 욕실의 전등도 끄고 나갔습니다. 그들이 허투루 전등을 켜놓은 것을 본 적이 없습니다. 에너지 절약에 관심이 지대한 저도 가끔은 실수로 스위치를 내리지 않아서 다시 돌아가 전등을 끄기도 하는데 아침마다 허둥지둥 시간에 쫓겨 준비하는 그들은 그런 적이 없습니다. 함께 지내면서 그들의 공동체 생활 예절과 에너지절약 실천을 보고 제 눈을 의심할 정도였습니다.

머리카락 몇 올 정도는 당연히 떨어져 있어야 하고, 바닥에 물 몇 방울 정도는 흩어져 있어야 하는 것 아닌가요? 긴 머리를 가진 두 명의 아가씨가 샤워를 하고 머리를 말린 곳이니까요. 그 정도는 당연하다고 생각했는데……. 그들의 성격이 너무도 조용한, 그림자 같은 사람이어서일까요? 아닙니다. 쾌활하고 명랑하며 호기심 많은 긴 노랑머리의 예쁜 아가씨들입니다.

독일인 여고생, 제이미와 한나의 이야기였습니다.

자기주도적 학습만큼 중요한 자기주도적 생활습관

현대판 공주와 왕자, 시녀 엄마

"우리 딸은 정말 방 정리며 청소를 안 합니다. 고등학생 때까지는 저도 이해하고 치워주었지만 대학 들어가서도 여전히 할 생각조차 안 합니다. 안 치워줘야지 하고 다짐하지만 그 결심이 하루도 못 가요. 침대를 보면 한숨이 나고, 벗어놓고 나간 뒤집어진 옷을 보면 제 속도 뒤집어집니다. 교수님, 이럴 땐 어떻게 해야 버릇을 고칠 수 있을까요?"

40대의 한 부모님이 '질의와 응답' 시간에 질문을 했습니다. 이날의 강의 주제는 '자기주도적 학습의 첫 단계는 주변 정리를 아이 스스로 하게 하는 것'이었고, 이 습관이 '아이의 결혼생활에 미치는 영향'까지 다루었습니다. 공주와 왕자로 키워진 아이들이 만나 결혼생활을 하는 상상은 우리 모두를 웃게 했지만 시간이 지나면서는 '진짜 걱정되네' 쪽으로 흘러갔습니다. 누군가 말을 했습니다.

"어머니, 방 정리 대신해주지 마세요."

"왜 안 그래 봤겠습니까. 근데 하루를 못 넘기겠어요. '방에 들어가지 말자' 하다가 습관처럼 딸애 방문을 열게 되는데 이건 도저히 그냥 다시 닫을 수 없습니다. 청소기만 돌리자, 하고 청소기를 돌리는데 그러다 보면 바닥에 양말짝이 있으니 줍게 되고 그러다 보면 침대시트 정리하고, 그러다 보면 침대 위에 널브러진 속옷을 가져다 세탁기에 넣게 되고…… 결국 또 치워주는 꼴이 되지요."

다른 어머니들의 경험에서 나온 다양한 조언이 필요한 때입니다.

"계속 해주니까 아이가 안 바뀌는 거예요. 저도 애가 비슷했는데 며칠 굳은 맘먹고 버티니까 할 수 없이 하던데요. 지금은 많이 좋아졌어요. 빨랫감도 세탁실에 가져다놓지 않으면 안 해주니 며칠 지나니까 스타킹도 신을 게 없는 거예요. 지가 급해야 고치지 안 고칩니다. 중요한 건 엄마가 얼마나 잘 견디느냐에 달려 있어요. 딸보다 질겨야 해요."

모두 '맞아, 맞아' 하며 박수까지 칩니다.

"감사합니다. 제가 좀 질기게 버텨봐야 하는데…… 근데 지금 해주신 말씀들이 어디서 많이 들었다 했더니 제 딸이 한 얘기와 비슷해요. 제가 하도 답답해서 너 그러다 결혼해서 살림은 어찌할래, 그랬더니 '엄마, 요즘 누가 여자 혼자 살림해' 하는 겁니다. 그래서 '남편이 도와줘도 너도 해야지. 그럼 니 남편이 다 하냐. 너 그런 습관 큰일 난다' 했지요. 그런데 딸애 하는 말이 더 가관이에요. '엄마, 더 잘 버티는 사람이 이기는 거니까 나 결혼해서 어쩔까는 걱정 말아요. 지저분한 거 못 견디는 사람이 지는 거지. 난 지저분해도 신경 안 써' 하며 지가 더 인내심이 강해서 이길 거라네요."

자연스럽게 그 문제의 결론은 '좋은 습관은 어려서부터 들여야 한다'로 모아졌습니다. 습관의 중요성이 더욱 부각되었지요.

일상의 저능아는 사회적 저능아

초등학생 아들 잘 키우고 싶어 강의 들으러 왔다가 이 질문 저 질문 다양하게 나오니까 급기야 대학생의 '방 정리' 하소연까지 하게 된 이 엄마의 이후 이야기가 정말 궁금합니다. 엄마와 딸의 버티기 작전이 어떻게 진행되었는지, 누구의 승리로 마무리되었는지 말입니다.

엄마보다 훨씬 에너지 넘치는 20대 딸아이의 방을 청소하고 뒷바라지하는 대다수 4, 50대 한국 엄마들. 그날 물꼬가 터지자 여기저기서 고등학생과 대학생 자녀들의 정리 안 하는 버릇에 대한 성토대회가 벌어졌습니다. 제 방 정리도 안 하는 것들이 나중에 결혼생활은 어찌하려는지 걱정이 태산이라네요. 비슷한 것들끼리 만나서 살 거 생각하면 한숨이 나온다고도 했습니다. 어찌되었든 부모가 청소해주지 말자로 의견이 모아졌습니다. 요즘 애들은 몸만 자랐고 입만 살았지 제 스스로 하는 게 없다는 자조 섞인 이야기들도 많았습니다.

"그뿐인가요, 이 철부지들이 애까지 낳아 어떻게 키울지 걱정돼요. 우리한테 맡기고 지들은 편하게 살려고 할까봐 겁부터 납니다."

이런 미래의 걱정에 모두 공감했습니다. 누굴 탓하느냐고……, 우리가 애들을 이렇게 키운 게 아니냐는 자탄의 이야기도 나왔습니다.

정말, 이런 애들 누가 키운 건가요?

집 안에서는 시녀처럼 도와주는 엄마 덕분에 공주와 왕자이지만 집 밖으로 한 발짝만 나서면 한없이 무능한 아이들이 된다면 이 또한 글로벌 리더와 거리가 멀어집니다. 아이 스스로 해야 합니다. 때가 되면 다 하게 되어 있는 건, 보고 배웠을 때 가능하지 그렇지 않을 경우에는 당황할 수 있습니다. 남들은 척척 알아서 하는데 쩔쩔매는 내 아이…… 이게 바로 무능입니다.

그래서일까요, 제가 미국에서 만난 독일인 소녀, 제이미와 한나가 떠올랐습니다. 제이미와 한나는 저와 한 집에서 생활하게 된 하우스메이트였습니다. 한 달여를 머무르는 여행이라 저는 '홈스테이'를 하게 되었지요. 이 두 소녀는 방학 기간 동안 영어연수를 온 친구들이었고 저와 같은 층에서 지내면서 화장실과 욕실을 공동으로 사용했습니다.

열여덟 살의 금발머리 소녀들과 처음 며칠을 함께하는 동안 저는 그들의 당당함, 호기심 많은 관광객으로서의 모습, 영어 공부를 하러 온 학생다운 태도, 유쾌하고 환한 모습을 대하는 것이 즐거웠습니다. 그러나 시간이 지날수록 점점 더 저를 매료시킨 것은 그들의 생활태도였습니다. 방에서 TV를 보거나 둘이 이야기를 나눌 때는 방문을 꼭 닫아 방해가 되지 않게 했으며, 세탁실을 사용할 때는 세탁실 옆의 내 방을 의식해서 시간이 늦지 않도록 배려했고, 불필요한 전등은 꼭 끄는 습관 등등. 2차대전 패망 이후 독일을 재건시킨 건 독일인의 근검과 절약정신이라고 배웠던 제게, 그들의 후손인 두 소녀가 이를 증명해 보이는 듯했습니다.

불과 열여덟 살, 고등학교 졸업과 대학 입학을 앞둔 소녀들이니 자칫 수다스럽고 시끄러울 수도 있으며 외모를 가꾸느라 화장실도 오래 쓸 법한데 늘 저와 겹치지 않도록 배려하고 사용 후에는 깔끔하게 뒤처리를 하는 모습이 가히 놀라웠습니다. 그 집의 화장실 사용 규칙을 한 달 동안 단 한 번도 어긴 적이 없었던 그들의 행동은 평소 생활습관이 어땠는지 보여주는 모습이었습니다.

그들은 눈치꾸러기도 아니었고, 당당하며 유쾌한 십대였습니다. 저에 대한 배려는 어른의 눈치를 보는 것이 아닌 '타인에 대한 예절'이 자연스레 몸에 밴 결과였지요.

어느 날 식탁에 함께 앉았을 때 저는 궁금한 몇 가지를 그들에게 물어보았습니다.

"독일 집에서 너희들 빨래는 누가 하니?"

"식사는 누가 준비하니?"

이는 일상에서 아이들이 어떤 몫을 하는지였습니다. 다시 말해 '너희들이 엄마 품을 떠나 외국이니까 이렇게 자율적인 거지? 집에서 엄마와 함께할 때는 어때?' 하는 의도를 가진 질문입니다. 명랑, 쾌활, 적극이 예의, 배려, 진중함으로 연결되는 건 쉽지 않으니까요. 게다가 그들이야말로 대학 입시를 방금 거쳐온 아이들이었으니 공부 외에 다른 건 안 했어도 또 어쩌겠습니까?

그러나 그들은 웃으며 대답했습니다.

"우리가 대부분 해요. 고3 때에도 마찬가지였고요."

아이 인생에 공부 외에 뭐가 필요해

두 아이의 대답은 학원 빠지지 않고 잘 가면 흐뭇해하고, 공부 잘하면 기절할 듯 고마워하는 우리 부모님의 마음, 그 마음에 길들여진 부모의 '감정습관'을 돌아보게 했습니다. 책 보고 있으면 그저 감사해서 뭐든지 다해주고 싶고, 공부한다고 하면 자기 주변 정리는 어찌 해놓든 엄마가 알아서 치우고, 공부만 잘하면 아이의 짜증쯤이야 귀여운 응석으로 받아들이는 엄마. 엄마의 감정 중심에 아이의 '공부'가 놓여 있으니, 아이의 공부만 중요할 뿐 정작 아이를 나이만 먹은 '무능아'로 만드는 건 아닌지 세상 밖으로 나서니 좀 더 객관적으로 생각하게 됩니다.

당신의 아이가 일곱 살이 되면 스스로 텐트를 칠 수 있게 하라.

　어느 책에서 읽은 인상적인 문장입니다. 동감합니다. 아이 스스로 강가에 가서 놀 수 있다면 음식도 만들 수 있게 키워야 합니다. 물론 보호자가 필요한 연령이지만, 그렇다고 보호자 없이는 생존이 불가능한 아이로 키우는 건 바람직하지 않습니다.

　아이가 초등학교 6학년인데도 혼자 지하철 타면 큰일 나는 줄 알고, 그저 감싸 안고 키우는 수많은 공주와 왕자의 부모님들. 하지만 우리 아이들은 공주와 왕자가 되어 성에 갇히기보다 '유레일'을 타고 유럽 배낭여행도 하고, 지도 한 장 들고 세계를 누비며 지구촌 구석구석을 돌아다닐 수 있어야 합니다. 남루하고 불편한 침대에서 웅크리며 잠도 자보고, 낯설고 거친, 입에 맞지 않는 음식도 먹으며 버텨낼 수 있어야 합니다. '때가 되면 다 한다'고 스스로 위안하지 마세요. 그 '때'가 우리 유능한 부모님들 덕분에 너무 늦은 나이에 옵니다. 그 시기를 자꾸 늦추지 말고 오히려 앞당겨야 합니다.

우리의 아이들은 생각보다 빨리 자라 사회의 다양성과 접하게 됩니다. 가능하면 너무 늦지 않게 스스로 잘할 수 있는 유능한 아이로 키워주세요. 유능하다는 것은 무엇일까요? '잘한다'는 것입니다. '잘할 수 있다'는 것이기도 합니다. 능력이 있다는 말입니다.

우리 아이를 능력 있는 사람으로 키우고 싶은 부모님, 혹시 바라는 능력이 '공부'에만 치우쳐 있다면 다시 생각해보세요. 우리가 손꼽는 몇몇의 국내 일류대학이 세계 어느 나라에서나 내로라하는 명함이 될까요? 내 아이가 알아주는 좋은 대학에 다니는, 학습적으로는 꽤 유능한 아이라 하더라도 정작 욕실 정리도 제대로 못해서 남의 눈살을 찌푸리게 하고, 이기적인 행동으로 함께 어울리지 못하며, 스스로 식사를 챙겨 먹어야 하는 것을 낯설어 하고 엄마만 그리워하고 있다면……, 내 아이는 총체적으로 무능한 것입니다.

조금만 덜 귀하게 키우세요. 쓰레기봉투도 내다 버리게 하고, 분리수거도 시키고, 일주일에 한 번은 변기 청소며, 욕실 청소도 하게 하세요. 그러면 언제부터 이렇게 할까요? 빠를수록 좋습니다. 일상에서 유능하다는 것은 아이 스스로에게도 편안하고 행복한 생활을 위한 소중한 경험입니다.

유아기 때는 식사를 준비하는 엄마를 도와 수저도 놓게 하고, 자신이 먹은 빈 그릇은 싱크대 안에 가져다놓게 하세요. 반드시 '잘 먹었습니다' 하는 인사를 잊지 않게 하고, 아이가 대변을 본 후에는 뒤처리도 스스로 하게 하세요. 물론 엄마가 사전에 충분히 방법을 알려주세요. 반복해서 교육시키면 아이 혼자 할 수 있습니다. 다섯 살이면 충분합니다. 숟가락으로 밥을 먹고 서양인들이 그렇게나 어려워하는 젓가락도 사용하는 내 아이이니 휴지로 대변 뒤처리도 잘할 수 있습니다.

이렇게 자립능력을 가진 아이는 유아교육기관에 가서도 자신감이 넘칩니다. 대변이 마려워도 뒤처리 때문에 화장실을 못 가는 아이가 어떻게 친구들과 즐겁게 활동하며 사회성을 기르겠습니까? 선생님과 친구들이 친절하게 도와주겠지만, 스스로 할 수 있는 아이보다 불편한 게 사실입니다. 스스로 신발 신고 벗기도 힘들어하는 아이라면 바깥놀이 갈 때마다 선생님의 도움을 받아야 합니다. 다른 아이들은 벌써 놀이터에서 놀고 있는데 내 아이는 신발 신겨달라며 현관에서 발을 내밀고 있다면 이건 귀한 게 아니라 무능하게 키운 것입니다.

다섯 살이 되면 일상적인 일을 훈련시켜 스스로 할 수 있게 해야 합니다. 그런 아이가 유능한 겁니다. 유아기에 한글을 읽고 셈을 헤아리는 것만이 똑똑함의 잣대가 아닙니다.

아이의 두 손을 쫙 펴게 해 손가락을 보세요. 열 개의 손가락을 함께 헤아리고, 엄마와 개수가 같음을 웃으며 확인하고 '그래서 무엇이든 잘할 수 있다'는 것을 알게 하세요.

이렇게 일상에서 유능하게 잘 자란 아이는 어디에서든 자신이 사용한 욕실을 깨끗이 뒷마무리할 것이며, 속옷 정도는 손빨래를 해서 빨랫감을 쌓아두지 않는 위생적인 생활을 할 것이고, 생활에 불편함을 느끼지 않으니 편안하고 안정된 일상을 바탕으로 목표로 했던 무언가를 잘 달성할 것입니다.

분명한 것은 나의 귀한 아이가 사는 세상은 책상머리에서만이 아니라 일상에서 유능해야(street smart) 더 많은 것을 얻고, 꿈을 펼쳐가기에 알맞다는 것입니다.

잠깐 멈추세요, '엄마가 해줄게'라는 말. '너는 공부나 해라'라는 말. 부모님, 참고 기다리세요. 아이가 스스로 할 때까지요. 아이들 말을 인용하면 '버티는 사람'이 이기는 겁니다. 아이가 스스로 할 때까지, 내 아이가 자기주도적 생활습관을 가질 때까지 부모님, 당분간 잘 버티길 바랍니다. 부모님이 버틴 만큼 아이가 자랍니다.

TIP

어렸을 때부터 자기 일은 스스로 하게 하자

1. 유아기
- **신발 신고 벗기**
  물론 이 단계에서는 연령상 신발 선택을 잘해주어야 한다. 끈을 묶어야 하는 부츠를 사주고 다섯 살 아이에게 혼자 신으라고 한다면 이유식을 먹는 아이에게 단백질 공급한다고 스테이크를 주는 것과 같다. 유아기에는 일명 '찍찍이 운동화'가 스스로 신고 벗기에 좋다.
- **옷 입고 벗기**
  유아들의 경우 양말 하나 신고 벗는 것도 어려워하고 시간이 많이 걸린다. 답답하다고 부모가 나서서 대신 해주지 말고 스스로 해낼 때까지 기다려주는 것이 좋다. 지퍼 사용이나 단추 채우기 등은 평상시에 충분히 연습시킨다.
- **장난감 정리하기**
  어렸을 때부터 정리정돈을 습관화시켜야 한다. 유아기 때는 부모가 함께 정리를 도와주어도 좋다. 장난감 정리를 시키면 불필요한 장난감을 지나치게 늘어놓지 않게 하는 효과도 거둘 수 있다.

2. 초등기
- **자신의 방 정리와 청소하기**
- **설거지, 분리수거와 음식물 버리기 돕기**
  무엇이 재활용인지 구분하게 하면 자연보호와 에너지 절약에도 관심을 가지게 할 수 있다.
- **기타 부모님을 도울 수 있는 방법 함께 논의하기**

3. 중·고등기
- **자신의 속옷 빨래하기**
- **필요할 때 음식 찾아 먹기**
- **집안일 중 몇 가지는 전담시키기**
- **명절이나 집안 대소사에 참여하기**
  전통을 알고 추억을 만들 수 있는 절호의 기회다. 이런 경험이 자녀를 '내 나라를 잘 아는 아이, 할 말이 있는(콘텐츠가 있는) 말 잘하는 사람'으로 만들어준다.

❝
캐나다 여행을 하던 중 밴쿠버에 사는 지인의 집에 저녁 초대를 받았습니다. 식사를 하며 한국 이야기, 밴쿠버 소식을 나눴습니다. 그때 지인의 아들이 10분 후에 도착한다는 전화가 왔습니다. 아주 어렸을 때 봤으니 오랜만에 다시 만나는 아이였습니다. 우리나라 교육 과정으로 치면 초등학교 6학년이니 어제오늘 다르게 쑥쑥 자라 많이 변했겠지요?
곧이어 아이가 왔습니다.
훌쩍 큰 것 같습니다. 비단 키만 큰 게 아니라 행동도 많이 의젓해졌다는 느낌입니다. 잠시 후, 가방을 방에 두고 온 아이가 자기 식사를 준비합니다. 엄마는 여전히 나와 이야기를 하며 식사를 했고, 아이는 스스로 먹을 것을 챙겨와 우리와 자리를 함께했습니다. 그리고 오늘 어떻게 지냈는지, 엄마의 하루는 어땠는지 대화를 나눕니다.
저절로 '밥상머리 대화'라는 말이 떠올랐습니다. 우리는 한 시간가량을 그렇게 식사를 하며 이야기를 나눴습니다.
식사를 마치고 아이는 잘 먹었다는, 맛있었다는 인사를 깍듯하게 하더니 자신의 접시와 포크, 물컵을 들고 일어납니다. 아이의 일거수일투족이 대견하고 기특했던 저는 시선을 뗄 수 없었습니다. '아, 싱크대에 갖다놓으려나보다'라고 생각했는데, 아이는 물을 틀더니 능숙하게 설거지를 합니다. 물기도 닦아 접시와 포크와 물컵을 원래의 자리에 정리합니다.
유아기 때 엄마가 밥그릇 들고 쫓아다니며 '한 숟가락만 데! 반 숟가락만 데!' 했던 그 아이가 맞나? 저는 자꾸 미소가 지어졌습니다.
❞

상위 1퍼센트 아이, 식탁 예절부터 키워라

안 먹어서 걱정? 너무 먹어서 걱정!

"성찬이, 많이 자랐네?"

"그렇죠? 애가 하루가 다르게 크는 거 같아요."

"키도 그렇지만, 참 의젓해졌어. 쟤, 어렸을 때 밥 먹이려고 엄청 쫓아다녔던 거 기억나는데……."

"그랬죠. 전 애가 밥 안 먹으면 죽는 줄 알고 기를 쓰며 먹이려고 했잖아요. 애는 밥 한 숟가락 입에 물고 세월아 네월아~. 그때 선배님은 안 그래도 된다고, 때가 되면 다 먹게 돼 있다고 그러셨죠."

"그랬을걸? 내 대답은 누구에게나 비슷하니까……. 애들 어렸을 때 잘 안 먹는 건 공통적인 현상이잖아. 엄마들은 그러면 큰일 나는 줄 알고 밥그릇 들고 쫓아다니는 거, 완전 정해진 풍경이거든."

"사실 당시 선배가 너무 태평하게 '안 먹어도 애 안 죽어. 배고프면 다 먹어' 그러셨을 때는 조금 야속했거든요."

후배가 웃으며 말합니다. 아이를 잘 키우고 싶어 하던 후배의 몇 년 전 모습이 눈에 선합니다. '부모교육' 책이란 책은 모조리 섭렵했던 그녀도 아이가 안 먹는 것에는 조바심을 내며 따라다니며 먹였습니다.

"내가 저녁식사 초대받으면 정중하게 거절하는 집이 있는데, 바로 애들 어린 집이야. 너나 할 것 없이 부모는 식사를 못해요, 애들 먹이느라고. 그러니 내가 미안해서 어떻게 편히 식사를 하겠어. 정작 집주인은 안 먹고 애들 먹이느라 정신없는데."

"그렇겠어요. 저도 그랬잖아요. 애 클 때 제대로 식사를 해본 기억이 있나?"

"그래. 성찬이도 만만치 않게 잘 안 먹었지."

"애 굶어 죽으면 어쩌나 속으로 얼마나 겁났는지 몰라요. 선배님의 놔두면 먹는다는 얘기가 왜 그땐 안 들렸는지……. 근데 후배 교수들이 물으면 선배님하고 똑같이 대답해요. '놔두고 엄마나 먹어. 배고프면 다 먹게 돼 있어'라고요."

후배와 저는 함께 웃었습니다. '배고프면 다 먹게 돼 있어'란 말, 참 비전문가적인 처방 같습니다.

"그 조언 듣는 엄마 없지? 그러면서 꼭 물어요, 어떻게 하면 애 밥 잘 먹게 하냐고. 안 먹어서 속상해 죽겠다고. 그래서 놔두라고 하면 알았다고 하고는 또 쫓아다니며 기를 쓰고 먹이려고 하지. 아이는 입에 밥 몇 알 물고 삼키지를 않고, 엄마는 삼키라고 협박하고, 아이는 도망 다니고……. 어떤 아이는 내 귀에 대고 '엄마가 자꾸 밥 먹으라며 큰 소리 쳐서 미워 죽겠어요' 하고 소곤거리기도 하던걸."

"맞아요. 그게 다 과잉애정에 과잉친절이었어요. 아이 밥 먹는 것에 왜 그리 집착을 보였는지 몰라요. 저도 아마 아이한테 미움 받았을 걸요. 엄마 미워 죽겠다고 한 아이가 혹시 우리 성찬이 아니었어요?"

우리는 또 한 번 크게 웃었습니다.

"애가 먹기 시작하니까 무섭게 먹더라구요. 한창 먹을 때는 그게 더 걱정이었어요. 여기 와서 바꾸었어요. 먹는 문화, 그리고 음식에 대한 감사, 음식을 먹고 나서 설거지……."

"맞아. 때가 되면 너무 먹어서 문제가 되기도 해. 그런데 어떻게 교육한 거야? 물론 성찬이가 커서 변화된 것도 있겠지만, 저 정도면 완전 환골탈태네."

저는 호기심이 가득해서 물어보았습니다. 후배는 '밥상머리 예절교육'이 아이를 전반적으로 바꿨다고 합니다.

어느 날 외국인 교수 집에 초대 받아 가서 후배는 습관처럼 아이의 밥을 먼저 먹이려고 쫓아다녔다고 합니다. 아이는 안 먹으려 하고 후배는 쫓아다니고……. 그나마 집에서는 통제가 되던 아이가 남의 집에 가니까 숨고 장난을 치는데 후배는 너무 화가 났다지요. 급기야 아이를 화장실로 끌고 가 엄포를 놓고 반 협박해서 데리고 나왔는데, 후배의 눈에 집주인과 그 아들의 모습이 보였다고 합니다. 성찬이보다 훨씬 어린 그 아이는 식탁의 유아용 의자에 앉아 부모가 주는 음식을 받아먹거나 스스로 먹으려고 노력하고 있었습니다.

"선배, 나 그때 눈물이 왈칵 났어요. 나, 지금까지 뭐한 거지? 자책이 되는데 걷잡을 수가 없더라고요. 식사 내내 그 아이와 엄마를 쳐다보느라 내가 식사를 한 건지 만 건지……. 역시 인간은 먹는 것에 품위가 달려 있다는 생각이 들었어요. 세상에, 유치원생도 안 되는 그 외국애를 보면서 제 인생 전체를 순식간에 반성하게 되더라니까요. 그리고 성찬이가 먹는 걸 보니 헤적거리고 투정 부리고 안 먹으려고 하고……. 그동안 그런 건 안 보이고 먹이는 데만 집중해서 먹어만 주면 '오냐, 잘 먹네' 하며 쫓아다녔는데. 알고 보면 먹는 거야말로 가장 동물적이면서 동시에 인간적일 수 있어요. 그래서 동물적 '먹이 주기'를 반성하고 인간적인 '먹기'로 바꾸자고 결심했죠."

후배가 밥상머리 교육을 시작한 것이 그때부터였다고 합니다.

밥상머리 교육, '대화'만이 전부가 아니다

케네디 가의 밥상머리 교육, 유대인의 밥상머리 교육은 많은 교육서에 나올 정도로 유명합니다. 그들의 밥상에는 '대화'가 함께 메뉴로 올라 있지요. 어떤 음식보다 맛있고 영양가 풍부한 메뉴가 '밥상머리 대화'입니다. 이 밥상머리 교육이 케네디 가를 명문의 대열에 올려놓았고, 전 세계 인구의 0.2퍼센트밖에 되지 않는 유태인들이 노벨상 수상자를 20퍼센트 넘게 배출한 힘의 원천이라고 사람들은 주저 없이 말합니다. 실로 '식탁에서 나누는 가족간의 대화'의 힘이 놀랍습니다.

그런데 저는 여기서 밥상머리 대화만큼 중요한, 케네디의 어머니 로즈 여사가 엄격하게 지켰던 '식사시간'에 대해서도 언급하고자 합니다. 로즈 여사는 정해진 식사시간을 철저하게 지키도록 했습니다. 아무 때 아무 곳에서나 음식을 입에 달고 사는 미국 문화에서, 미국 음식 하면 패스트푸드나 정크푸드가 연상되는 미국 문화를 떠올리면 상상하기 힘든 예절입니다.

밥상머리 교육을 '대화'에만 국한시킨다면 그건 빙산의 일각만 보고 배우는 것입니다. 먼저, '밥상머리 예절'부터 가르쳐야 합니다. 식사는 인간을 동물이라고 인정해야 하는 본능적인 욕구와 관련된 행위입니다. 배고파 죽을 수도 있습니다. 먹는 것은 생존이며 '먹고 싶은 욕구, 식욕'은 인간의 가장 기본 욕구입니다. 그러므로 이 부분에서 자칫하면 동물적인 모습을 보일 수 있습니다.

거창하지만 '먹기 위해 사느냐, 살기 위해 먹느냐!'라는 명제를 거론해볼까요? 제게 답을 하라고 한다면, 저는 먹는 것을 즐기고 먹을 때 행복해하지만 그럼에도 불구하고 '먹기 위해 산다'고 대답하기는 싫습니다. 우리 '인간'은 동물입니다. 그러나 여느 동물과 다르려고 끊임없이 노력해왔지요. 하지만 기본적인 욕구, 그 가운데서도 '먹이' 앞에서는 동물과 다름없을 때가 많습니다. 그렇기에 더 '예절'이 필요합니다.

먹되, 사람답게 먹자는 것입니다.

케네디 가의 밥상에는 대화도 있었지만 '예절'이 기본이었습니다. 먹고 싶다고 아무 때나 먹고, 눕고 싶다고 아무 데나 눕는 것은 예의가 아닙니다. 절제가 있는 것이 예절입니다. 밥상에서의 예절은 '때가 되었을 때' 먹는 것입니다.

또 하나의 식탁 예절은 자신이 앉아야 할 곳에 앉는 것입니다. 밥 한 숟가락 입에 물고 장난감 가지고 놀고, 거실을 돌아다니는 아이 뒤를 엄마가 졸졸 따라다니며 음식을 입에 넣어주는 것은 바람직하지 않습니다. 그런데 부모는 먹는 것만으로 그저 감사하고 고마워서 '옳지, 잘 먹네' 하며 신통방통 대견해합니다.

'아직 어려서……'라는 말로 모든 것을 합리화시키면 안 됩니다. 보행기에 앉은 아기도 먹을 때는 보행기를 멈추고 그 자리에서 먹도록 습관화시켜야 합니다. 먹는 것은 품위와 연결됩니다.

먹이려고만 말고 제대로 먹여라

제가 아는 분의 딸은 유치원에 다닐 때까지 먹는 것에 거부반응이 심했습니다. 그러나 초등학교 3학년이 된 지금은 고도비만입니다. 그저 먹기만 하면 칭찬과 박수를 아끼지 않았던 엄마는 이제 아이에게서 먹는 것을 감추느라 여념이 없습니다.

그 엄마는 아이가 어릴 때는 무엇을 주면 잘 먹을까, 안 먹으면 '맴

매'까지 서슴지 않으며 먹는 것 때문에 괴로워했다면 지금은 너무 먹는 아이 때문에 걱정하니 아이를 낳고 지금까지 아이의 음식에 대한 고민이 끊이지 않는 것입니다.

아무 때나 먹는다고만 하면 손뼉을 치고 칭찬해가며 먹여주었으니, 아이는 '먹기 위해 사는 것'으로 잘못 알게 된 것은 아닐까요.

케네디 가와 유대인 이야기를 했으니 계속해서 외국의 예를 더 들어볼까요? 미국의 상류층이라고 하는 사람들을 떠올려보세요. 또는 미국인 중 우리가 선망의 대상으로 꼽는 누군가를 떠올리면……, 초고도 비만인 사람은 극히 드뭅니다. '비만과의 전쟁'을 치르는 나라인 만큼 미국에는 비만인구가 엄청납니다. 우리도 몇 달만 그곳에서 살며 미국인처럼 먹으면 비만이 되기 쉽습니다. 그런 문화의 한가운데서도 자신을 지키며 사는 할리우드 배우, 상류층 사람들, 정계인사들. 길거리에 패스트푸드가 널려 있지만, 이들은 아무 때나 먹지 않습니다. 만약 그들 중 누군가가 선천적인 비만 체질이라면 더 절제해서 먹고 운동도 게을리하지 않습니다.

'절제'가 습관이 되기란 쉽지 않습니다. 특히 본능과 관련된 절제는 자신과의 철저한 약속이 선행되어야 하며 때로 '자신과의 싸움', '비만과의 전쟁'이라는 용어가 동원되어야 할 만큼 어렵습니다. 그래서 식습관은 유아기 때부터 부모가 잘 들여줘야 하는 가장 큰 가정교육 항목입니다.

'크면 어련히 알아서 잘하겠지. 아직 어린데……. 어렸을 때 잘 먹어

야 키가 큰대. 그냥 잘 먹는 애가 어딨어. 부모가 먹이는 거지.'

이런 생각을 했다면 다시 고민해보세요. 모든 습관은 어렸을 때 잘 들여야 합니다. 갓난아기 때는 배고프다고 울면 무조건 먹여야 하지만 아이가 두세 살이 되면서부터는 좋은 식습관을 들여야 합니다.

초등학생이 되면 자신이 먹은 그릇은 설거지하게 하라

제 스스로 흘리지 않고 잘 먹을 줄 안다면 설거지도 가능합니다. 잘 먹었다는 인사를 듣기는커녕 아이가 흘린 밥풀과 반찬으로 어질러진 식탁만 엄마 차지입니다. 심지어 아이가 먹다 남은 음식마저 엄마의 몫입니다. 그렇게 하지 마세요. 적당한 양을 스스로 덜어 먹게 하고, 밥알 한 톨도 남기지 않게 습관을 들이도록 도와주세요. 아이가 느끼게 하세요.

'남겨야 할 음식이 내 앞에 올 리가 없다.'

음식이 내 식탁에 오르기까지 애쓴 타인의 수고를 헤아릴 줄 아는 자녀라면, 자신에게 주어진 음식에 감사하며 남기지 않고 맛있게 먹는 아이라면, 매사 긍정과 감사하는 마음을 가졌을 테니 사회성과 인성이 발달한 아이입니다.

아이를 키울 때 '결핍'을 느끼게 하라고, 부족함이 무엇인지 알려주라고 누누이 강조를 하는 저입니다만, 음식 또한 '풍요가 독을 만든다'는 것은 자칫 놓칠 뻔했습니다. 아이가 음식의 힘에 대해, 음식을 대할

때의 겸허함과 감사함에 대해 느끼게 하세요.

대한민국의 현실에서 하루 한 번 온 가족이 함께 식사한다는 것이 쉽지는 않을 것입니다. 그러나 '알고도 행하지 않으면 모르니만 못하다(知而不用不如不知, 韓非子)'고 하잖아요. 우리 부모님들은 밥상머리 교육을 알게 된 이상 잘 실천하리라 생각합니다. 매일이 너무 어렵다면 주말만이라도 가족과 함께하는 시간을 만들면 어떨까요.

컬럼비아 대학의 중독물질남용 연구센터가 12~17세 청소년을 대상으로 조사를 한 결과를 보면 '가족과의 식사'가 아이의 인생에 얼마나 큰 영향을 미치는지, 그 중요성을 실감하게 됩니다. '일주일에 5회 이상 가족과 함께 저녁식사를 한다고 응답한 청소년은 0~2회의 식사를 하는 청소년에 비해 흡연, 알코올, 마약에 빠지는 가능성이 낮았고, 학교 성적도 높은 것으로 나타났다'고 하며, 심지어 가족 식사가 청소년의 탈선도 막는다고 합니다. 그래서 주 정부가 나서서 '가족 식사의 날'을 정하는 등 가족이 모여 식사하도록 유도했다고 하지요.

아이 교육에서 특히 함께 식사를 하는 것도 때가 있습니다. 아이들에게만 '공부엔 때가 있는' 거라고 강조하지 말고, 부모 스스로도 '함께 식사하는 것에도 때가 있음'을 알아야 합니다. 아이의 인생 전반을 풍요롭게 하는 '밥상머리 교육'이 '우선교육'이 되길 바랍니다. 자녀가 성장해서 분가를 한 후 주말마다 만나 밥 먹자고 하지 말고, 아이가 부모의 집에서 사는 청년기까지 함께 많이 식사하세요. 같이 식사를 준비하고 맛있게 먹으며 이런저런 대화를 나누는 기쁨을 누릴 수 있을 뿐만 아니라 더불어 이 시간이 아이의 인성과 교육에 큰 영향을 미친다니 얼마나 좋습니까?

언젠가 김용택 시인의 주말 보내기에 대한 기사를 읽은 적이 있습니다. 노모가 계신 집에 가고, 가족들과 선짓국을 먹는다는 시인은 가급적 '집에서 논다'고 합니다. 소박한 음식과 가족 이야기가 감동이었던, 역시 섬진강변 시인다운 따뜻한 내용의 기사였기에 스크랩을 해놓았습니다.

교육이라는 부담을 갖지 마세요. 그저 이야기하는 시간, 가족 얼굴 맞대는 시간, 그러면서 자연스럽게 멘토와 코치가 되어주는 시간으로 밥상머리를 함께하면 좋겠습니다. 생각할수록 행복하고 기분 좋은 교육이 '밥상머리 교육'입니다.

하루 한 끼, 가족과 미소를 나누는 시간

1. 가족과 함께 식사를 '약속'한다

아이가 고등학생이 되면 집에 일찍 들어오기가 힘들므로 사실 온 가족이 모여 식사하기가 쉽지 않다. 하루 한 끼가 어렵다면, 일주일에 한 번이라도 가족과 식사하는 날을 정해 '꼭 지켜야 할 선약'으로 만든다.
- 아빠는 불필요한 저녁 모임을 줄이고, 아내와 함께 식사를 준비한다.
- '아이가 고등학생이 되기 전까지 저녁식사는 함께한다'는 등의 원칙을 세운다.

2. 저녁식사가 어려우면 아침식사를 함께한다

함께 식사하면서 하루의 계획을 이야기하고 덕담과 격려하는 시간을 갖는다.
- 아침식사를 하면 뇌 활동이 활발해지므로 아이의 학습에도 도움이 된다.
- 아침식사 시간, 가족과 미소를 나누는 것만으로도 충분히 가치 있다.

3. 음식은 적정 양을 먹게 하고, 남기지 않는다

식탐은 본인에게도 타인에게도 부담스럽다. 아울러 음식을 입에 넣은 채 말하는 것은 실례라는 걸 알려준다.

4. 초등학교 고학년 때부터는 자신의 그릇과 수저는 스스로 설거지하도록 한다

'설거지 효과'라는 것이 있다. 남은 음식을 처리하는 경험은 버려지는 음식에 대해 생각하게 만들므로 음식을 남기지 않는 습관을 들일 수 있다.
- 남녀 일의 구분이 없는 시대다. 설거지는 엄마 일이라는 고정관념을 없앤다.
- 식사 후 다 함께 정리를 하면 가족의 일체감도 느끼고, 노동의 분배도 자연스럽게 받아들이게 된다.

5. 식사시간에 나누는 대화의 화제

늘 만나는 사람들, 도움 받은 일, 오가며 만난 사람들 등 일상의 사건이나 신문기사, 책에 대한 얘기를 한다.
- 자녀의 의견과 생각을 충분히 들어주고 공감하는 시간이므로 '잔소리'는 금물.
- 꾸중 등 불편한 얘기는 하지 않으며 칭찬과 감사 등 기분 좋은 화제가 좋다.

> 잉글랜드의 한 기숙학교 복도, 여덟 살 소년의 구두에는 약간의 진흙이 묻어 있을 뿐이었습니다. 그 소년은 복도에서 아주 잠시 이야기했을 뿐이었습니다. 소년은 교장실로 불려갔습니다. 허리를 숙이라는 명령을 들었습니다.
> "손이 땅에 닿도록 숙이란 말이다."
> 그리고 종아리에는 시퍼런 멍.
> 위험한 어른들이 작성한 그의 성적표에는 이렇게 써 있었습니다.
> '의도하는 바를 이렇게 고집스럽게 정반대로 표현하는 학생을 이제껏 본 적이 없음'
> '항상 뒤죽박죽임. 문장력이 형편없음'
> 훗날 그는 동화작가가 되었습니다. 그의 글에는 '무시무시한 어른들'이 자주 등장합니다. 모순투성이 교장 선생님, 고약한 고모들. 어른이 아이에게 사주기에는 몹시 고약한 이야기들.
> 어느 아동심리학자는 그의 동화에 대해 이렇게 말했습니다.
> "어른들에 대한 부정적인 묘사로 아이들과 어른들의 관계를 악화시킬 여지가 있다."
> 그러나 그 또한 어른 관점에서의 비판이었고, 그의 동화책은 아이들이 너무 많이 돌려봐서 책이 해질 정도였습니다.
>
> "으아아! 귀 떨어지겠어요, 교장 선생님!"
> "귀는 절대 떨어지지 않아. 오랜 경험을 통해 터득한 거야. 남자애들의 귀는 아주 단단하게 붙어 있다고!" - 《마틸다》 중에서

03
어른과 아이 사이

어른도 아이였을 때가 있었음을 기억하라

이 이야기가 낯익지 않나요? EBS에서 방송된 동화작가 로알드 달(Roald Dahl)의 이야기입니다. 32개 언어로 번역되어 전 세계 어린이들의 사랑을 받은 로알드 달의 동화, 그의 동화가 나오게 된 배경, 어린 시절의 이야기였습니다.

《찰리와 초콜릿공장》, 《마틸다》를 쓴 로알드 달은 제가 좋아하는 작가입니다. 그런데 〈몹시 곤란한 동화책(로알드 달 이야기)〉은 부모교육 전문가로서 아이의 눈으로 바라본 어른 세계의 '모순과 불합리'까지 생각하게 만들었습니다. 지금 우리의 부모들이 혹시 어떤 강요와 부조리가 가득한 언어, 태도로 아이를 바라보고 이끌고 있지는 않은지에 대한 대오반성이랄까요. 일찍이 로알드 달의 동화를 섭렵한 저는 그의 작품을 좋아했음에도 유난히 어른의 부정적인 면을 부각시키는 점에 대해서는 약간의 의문을 가졌습니다. 그러나 그 또한 지나친 과장은 아니었으므로 작가적 취향으로만 여겼습니다. 그런데 로알드 달의 동화에는 작가의 체험과 성장사가 담겨 있었군요.

이제 그의 어린 시절의 경험으로부터 이 이야기를 풀어가려고 합니다. 아이의 시각에서 바라보는 어른, 부모 혹은 선생님, 아니 우리 모두를 향하는 성찰…….

무릎 꿇고 허리 낮춰 한 시간만 아이로 살아보라

> 손을 내리고 무릎을 꿇고 몇 주 만이라도 어린이들처럼 살아보면 '어떤 일은 해라, 어떤 일은 하지 마라'라고 늘 명령하는 거인을 항상 올려다보고 살아야 한다는 사실을 알게 될 것입니다. - 로알드 달

맞다, 우리는 너무 많은 명령을 하고 살지. 맞아, 우리는 너무 어른의 기준으로만 아이를 이끌려고 하는 게 사실이야. 반성이 줄줄이 나옵니다.

그러나 아이를 키우면서 어떻게 가르치지 않을 수 있겠어요? 세상을 먼저 살면서 많은 시행착오도 겪었고, 이런저런 이유 다 떠나서 우리는 부모입니다. 잘 키우고 싶고, 부모의 인생보다 더 나은 삶을 살

게 해주고 싶은 마음이 간절합니다. 그러니 먼저 살아오면서 경험한 위험물을 제거해주며 어떤 길이 더 안전하고 나은지 알려주어야 하고 어떻게 살아야 좋은지 전해주고 싶습니다. 최대한 빨리, 최선을 다해 알고 있는 모든 정보를 제공해주고 싶습니다. 부모의 마음입니다. 그러니 분명하게 해야 합니다.

'어떤 일은 해라, 어떤 일은 하지 마라.'

그런데 이건 로알드 달이 철저히 비난했던 말이군요. 그럼 어떻게 하란 말인가요. 아이를 그냥 놔두란 건가요?

'해야 할 일'과 '하지 말아야 할 일'을 분명히 가르쳐야 바르게 잘 자라게 한다고 들었는데 참 혼란스럽습니다.

표현의 방법을 바꿔라

순자의 성악설을 빌지 않더라도 인간은 교육에 의해 '올바른 행동으로 변화'를 합니다. 어느 칼럼에서 읽은 내용에 동감한 적이 있습니다.

> 교육 원론서인 《교육원리》 교과서에 따르면 교육은 사람을 사람답게 만드는 작용이다. 사람으로 태어난다고 사람이 되는 게 아니라 다만 교육을 통해서 사람 노릇을 하게 된다는 것이다. 미성숙한 사회 구성원에게 사회의 가치와 문화를 전달하는 '사회화' 과정이 교육이다.

맞습니다, 교육이 필요합니다. 그러나 교육을 빌미로 로알드 달의 이야기에 등장한 교장 선생님처럼 '아이를 빙빙 돌려 집어던지는' 일은 하면 안 되겠지요. 구두에 진흙이 조금 묻어 있고 복도에서 이야기를 약간 했다는 이유로 종아리에 멍이 들 만큼 때려서도 안 되겠지요.

물론 해야 할 일과 하지 말아야 할 일은 분명히 가르쳐야 합니다. 남과 나의 소중함을 알아가고 세상을 사는 데는 지켜야 할 규범이 있으며 이 규범은 내가 하고 싶지 않더라도 '지켜야 할 일'이라는 것도 알려주어야 합니다.

그렇다면 어떻게 해야 할까요?

표현 방법을 바꾸면 좋을 것 같습니다. 아이에게 명령하지 마세요. 명령을 해도 된다고 생각하지도 마세요. 그러잖아도 아이는 어른보다 몸집도, 키도 작습니다. 어른이 아래로 내려다봐야 하는 존재입니다. 바꿔 말하면 아이는 어른을 치켜 올려다 보아야 합니다. 아이에게 어른은, 특히 아빠라는 존재는 '거인'처럼 느껴집니다. 잘 말해도 아래로의 명령이 되기 쉽습니다.

그래서 허리를 낮추고 그들의 언어로 이야기해주어야 합니다. 명령은 상대의 의사와는 상관없는 전달입니다. 아이에게 해야 할 일과 하지 말아야 할 일을 가르칠 때 어른의 기준에서는 당연한 것이기에 명령을 하지만, 아이는 왜 그래야 하는지도 모른 채 당하고 있는지도 모릅니다. 그러므로 어른의 가치 기준을 아이에게 잘 설명해야 합니다.

무조건 '해라'가 아니라 이래서 '해야 한다'는 것을 부드럽게 이야기하세요. 우리에게도 그들의 시절이 있었음을 가끔은 기억하고, 그때 우리는 부모님에게 무엇을 원했는지도 떠올려보세요. 역지사지를 아이에게만 강요하는 것은 위험합니다. 내 아이의 눈에 지금 우리가 '위험한 어른'으로 비쳐지지는 않는지, 잠시 생각해보면 아찔합니다. 권위주의 가득한 모순의 어른은 떠나 보내세요. 동심을 지닌 그러나 어른다운 면모를 갖춘 합리적인 부모가 지금 우리 아이에게는 필요합니다.

합리적인 어른이 말한 것은 모두 아이에게 교육이 된다

아이에게 말할 기회를 주세요. 규칙을 정했는데 지키지 않았을 때

목까지 치밀어 오르는 말은 침을 꿀꺽 삼키고 잠깐 누르세요.

"또 안 지켰어? 애가 왜 그러니? 네가 그럼 그렇지."

대신에 눈을 바라보며 이렇게 말을 건네보세요.

"약속을 지키지 않은 이유가 궁금하단다. 말해주겠니?"

다그치거나 따지지 말고 '말을 건네야' 합니다. 묻는 것이지요. 네 생각이 궁금하다는 것을 잘 전달하고, 아이가 말하기 시작하면 집중해서 들어주어야 합니다.

부모님이 예상한 대로 뻔한 얘기를 해도 끊지 말고 다 들은 다음에 질문을 하면서 이야기를 풀어가야 합니다. 설령 말을 둘러대고 거짓말을 해도 들어주세요.

잘 알고 있습니다, 쉽지는 않다는 것을. 그러나 노력해야 합니다.

또 한 가지 기억해주세요. 아이들은 잘 잊어버립니다. 특히 자신에게 유리하지 않은 것들은 더 기억하지 않습니다. 잊어버린 것을 존중해주세요. 규칙을 다시 기억하게 도와주세요.

친절하게, 눈을 마주 보고 존중하면서 해야 할 것과 하지 말아야 할 것을 때론 단호하게 그리고 그 이유까지 찬찬히 이야기해주세요.

해야 할 것과 하지 말아야 할 것

아이가 꼭 지켜야 할 무언가 또는 해야만 하는 사항을 아이와 함께 의논해서 만들자. 아이는 자신도 동참해 만든 '규칙'을 지키기 위해 더 노력한다.

이유도 모르는 약속과 규칙은 아이에게 강력한 의미를 주지 못하므로 실천의 동기도 부여하지 못한다. 아이에게 맞는 친절한 설명을 해주는데 이 또한 그들의 언어로 접근해야 한다. 내려다보며 강요하지 말고 어른의 기준으로 벌하려 하지도 말아야 한다.

무엇보다 목록이 너무 길어서는 안 된다는 것을 기억하자. 아이들은 너무 많은 것은 기억하지 못한다. 절대 해서는 안 되는 일도 정해두자.

1. 자신의 안전을 해치는 일
　위험한 장소에 가거나 행동을 하는 것

2. 남을 방해하거나 안전을 해치는 일
　남을 때리거나 좋지 않은 말을 하는 것
　공공장소에서의 예절을 지키지 않는 것

❝

몇 년 전 사오정 시리즈가 한창 유행했을 때 아이스크림 가게에서의 일입니다. 아이스크림 가게에 온 것이 신이 난 아이가 어떤 것을 먹을지 고르다 언젠가 들은 재미있는 얘기가 생각났나봅니다.
"엄마, 사오정이 ○○○에 가서 이렇게 말했대. '콜라 주세요.' 그래서 직원이 '여기 콜라 안 판다' 그랬더니 '아저씨, 여기 콜라 먹는 재미가 있는 데잖아요' 그랬대. 웃기지? 되게 웃기지?"
그런데 제게 아이의 뒷말, '웃기지'는 거의 안 들렸습니다. 아이의 엄마가 얼마나 크게 웃던지, 제가 깜짝 놀랄 정도였습니다.
아이는 엄마의 반응에 더 신이 난 듯했습니다.
웃음을 수습한 엄마가 아이에게 아이스크림을 권하며 말을 잇습니다.
"넌 어디서 그렇게 재밌는 말을 다 들어? 그리고 되게 재밌게 말한다. 머리가 엄청 좋은가봐. 어떻게 그 말을 다 기억해서 하니? 엄마도 다른 사람한테 이야기하려면 수첩에 적어야 하는데."
엄마는 가방을 뒤적여 수첩을 꺼냅니다. 정말 적으려나봅니다. 그러면서 계속 찬사를 보냅니다.
"진짜 엄청 재밌는데. 우리 아들, 웃기는 얘기 정말 잘한다. 근데 너 알아? 유머감각이 있는 애가 진짜 머리 좋은 거래!"
"정말?"
엄마와 아이는 사랑하는 연인을 연상케 합니다.

모든 Q와
유머감각은 통한다

아이의 작은 유머에 크게 반응하라

유머는 '엉뚱하고 기발'합니다. 〈개콘〉을 봐야 비로소 일주일을 마무리한다는 사람들에게 박수를 보냅니다. 허무하게 끝나버린 일요일을 신나게 웃으며 위로라도 하지 않으면 우리가 무슨 재미로 살겠습니까?

엄마아빠는 좋아라 웃으며 〈개콘〉 보면서 아이는 들어가 자라고, 공부하라고 하지 말고 같이 시청하세요. 설령 비교육적인 게 있어도 '가족과 함께 본' 것은 걸러진다는 게 제 생각입니다. 엄마아빠, 가족과 함께 본 것은 가족이라는 거름종이에 여과되기 때문에 염려하지 않아도 될 것 같습니다.

개그는 '말의 유희이며 놀이'입니다. 그 안에는 촌철살인(寸鐵殺人) 같은, 촌철활인(寸鐵活人)의 뜻이 담겨 있고 풍자와 해학이 있어 인간의 정서를 순화시켜줍니다. 크게 실컷 웃는 웃음도 카타르시스 작용으로 모든 나쁜 감정을 씻어내립니다.

아이가 선보이는 작은 개그에도 박장대소하며 웃어주세요. 좀 심하게 리액션을 한다 싶을 정도로 반응을 보이는 부모님으로부터 아이는 또 다른 자신감을 얻습니다.

우리 아이들은 창의성의 시대에 살고 있습니다. 유머와 창의성은 꽤 닮아 있지요.

유머와 창의성의 닮은 점을 알아볼까요. 우선 엉뚱하고 기발합니다. 또한 새롭습니다. 식상한 것에 사람들이 웃어줄 리 없지요.

"어머나, 세상에 어떻게 그런 생각을……."

창의적인 생각이나 유머를 선보일 때 우리가 보이는 공통적인 반응입니다. 사람들이 원하는 것이라는 점에서도 같네요. 유머와 창의성은 타고나기도 하지만 계발할수록 그 능력이 커진다는 점에서도 닮았습니다.

아이의 유머감각을 키워주세요. 그토록 바라는 내 아이의 창의성이 계발됩니다. 그러려면 부모님이 아이의 유머에 박수와 발 구르기, 찬사를 마구 보내야 하며 호들갑스럽게 웃어주어야 합니다.

"어머나 세상에, 웃다가 기절하겠네. 깔깔깔."

"여보여보, 애 천재인가봐. 어쩌면 이렇게 재밌는 얘기를 잘 만들어낼 수 있지?"

"참, 엄마도. 이건 제가 만든 게 아니라 요즘 한창 유행하는 거예요."

"아들아, 재밌는 얘기도 머리가 좋아야 재밌게 한단다. 아무나 그렇게 잘하는 거 아니야."

칭찬도 아낌없이 날려주세요. 소통이 무엇이겠어요, 상대방 얘기에 귀 기울이고 반응하는 게 소통이라면 아이가 하는 재밌는 얘기에 크게 반응하는 것이야말로 유쾌한 상호소통입니다.

이제 갓 만남을 시작한 연인의 특징 가운데 '많이 웃어주기'가 있는

것 아세요? 그들 곁에 30분 정도만 앉아 있어보세요. 참 유치하기 그지없습니다. 별로 재미있는 얘기도 아닌데 그들끼리는 세상의 즐거움이란 즐거움은 모두 가진 듯 웃고 또 웃습니다.

저는 부모교육에 관심을 가지면서 연인들을 더 자주 관찰하게 되었습니다. 연인들의 모습에서 부모교육의 몇 가지 힌트를 찾아내기도 했지요. 부모와 자녀 사이가 연인 관계 같으면 된다는 것도 배웠습니다. 연인을 바라보듯 아이를 대하고, 연인을 바라보듯 부모를 존중한다면……, 연인을 어루만지듯 아이를 꼭 끌어안아주고, 연인에게 말하듯 아이에게 사랑의 언어를 속삭인다면……, 만난 지 얼마 안 되는 연인처럼 모든 말에 호기심을 가지고 집중해서 들어주고 크게 반응하며 웃어준다면.

아이스크림 가게에서 만났던 그 엄마를 다시 만나면 이렇게 말하고 싶습니다.

"아이를 참 잘 키우시는군요."

아이의 우스갯소리에 반응을 한다는 것은 단순히 웃어주는 것 이상의 사랑과 관심, 경청과 반응 보이기 등의 교육적 의미를 가집니다. 그 엄마는 그냥 재미있어서 웃은 것뿐이라 해도 아들을 사랑하지 않는다면, 아들의 이야기에 귀 기울이지 않았다면 그런 반응을 보일 수 없습니다. 관심을 받는 아이는 행복합니다. 행복하게 자라는 아이는 부모에게 웃을 일을 더 많이 선물합니다.

 **행복한 것을 찾을 수 있어야 행복해진다**

보스턴에서 한국 유학생들을 헌신적으로 돌보는 유학생들의 어머니를 알고 있습니다. 그분이 운영하는 기숙사를 방문했을 때 아이들의 먹을거리에 대한 정성과 '행복한 일 5(happy things 5)' 프로그램에 감탄을 했습니다. '행복한 일 5'는 저녁에 모든 일과를 마치고 하루를 돌아보면서 그날 자신을 행복하게 한 다섯 가지를 사람들과 이야기하며 감사하는 마음을 갖는 프로그램입니다.

무엇보다 청소년 유학생들을 대하는 그분의 기본철학이 인상적이었지요. 저는 부모도 감당하지 못하는, 이런저런 사춘기 징후를 보이는 아이들을 하루 종일 바쁘게 돌보면서도 그 아이들에게 꿈과 비전을 제시하는 일도 게을리하지 않았던 그분에게 비결을 이야기해달라고 부탁했습니다. 겸손하게도 그분은 부모가 아니기에 오히려 아이들과 대화가 잘된다고 말했습니다. 외계인이라고도 불리는 다양한 개성의 사춘기 아이들과 생각을 맞춘다는 것이 쉽지 않음을 잘 아는 저는 진심으로 칭찬의 말을 전했지만 그분은 늘 겸손하기만 합니다.

그 후 그분이 일이 있어 한국을 방문했을 때 만나서 이야기를 나눌 기회가 생겼습니다. 그때 저는 한창 '언어와 학교폭력'에 관한 원고를 쓰고 있었기에 자연스럽게 화제가 아이들의 학교폭력과 욕에 관한 것으로 흘렀고 분위기는 진지해졌지요. 그분은 조심스럽게 초등 고학년생의 경우 한국의 학교폭력이 무서워 유학을 오는 아이도 있다는 이야기를 해주었습니다. 그중에 언어폭력을 피해 딸을 미국에 보낸 엄마와 그 딸의 사례는 많은 생각을 하게 했습니다.

어느 날 아이의 방에서 심한 욕이 들려왔다고 합니다. 알고 보니 욕의 상대는 엄마였습니다. 엄마가 용돈을 아껴 쓰라는 이야기를 했나봅니다. 그것을 못마땅하게 여긴 아이가 욕을 한 것이지요

"××야, 그러려면 유학은 왜 보냈어? 너 같으면 용돈 없이 살 수 있어?"

아이는 통화 내용을 들킨 것에는 아랑곳 않고 그렇게 '엄마한테 세게 나가야' 용돈을 순순히 보내준다고 자랑스레 얘기했답니다. 이 기숙사에는 용돈을 관리하는 원칙이 있었기에 그분은 아이의 엄마와 전화통화를 했습니다. 그러나 평소 다른 학생의 무례함을 성토하던 그 엄마는 끝내 자신의 아이가 요구한 과도한 용돈과 심한 욕에 대해서는 '그런 적 없다'며 강한 부정과 함께 은폐를 하기에만 급급했다고 합니다. 그리고 기숙사의 원칙을 피해 아이에게 5,000달러를 보냈습니다.

하지만 기숙사 생활 몇 개월 만에 아이는 변하기 시작했다고 합니다. 처음에는 늘 무표정에 누군가 우스운 얘기를 해도 비꼬고 더 나아가 웃고 있는 다른 아이에게 "웃기냐! 니네는 이게 재밌냐?"라고 시비까지 걸어 분위기를 완전 망가뜨리는 재주를 가진 아이였는데 말입니다. 아이는 '행복한 일 5' 덕분에 자신이 변했다고 이야기했답니다.

아이의 고백은 진지했습니다. 아이는 한국에 있을 때는 '행복'에 대해 이야기를 나눠본 적이 없다고 합니다. 늘 진지하기만 한 아빠는 서

재에서 살았고, 우아한 엄마는 거실에서 음악을 들으며 책을 읽었답니다. 누가 보기에도 학구적이고 좋은 분위기였지만 유아기와 초등기를 거치는 동안 이 아이는 맘 둘 데도, 맘을 보일 데도 없이 웃음이 무엇인지 모르고 자랐습니다. 아이는 여전히 클래식 음악을 싫어했습니다. 지금도 클래식을 들으면 거실에서 발뒤꿈치를 들고 걸어야 했던 그 시절이 생각난다고 했습니다.

아이가 어리면 엄마와 아빠는 우아하고 분위기 있기보다는 수다쟁이가 되고 지나칠 정도의 감탄사도 내며, 목소리와 표정이 밝아야 합니다. 아이와 많은 시간을 함께하며 놀아주고 반응을 보여주어야 하지요. 유아기와 초등기의 자녀들은 밝고 즐거운 분위기에서 자라야 합니다.

아이는 어렸을 때부터 적막과 고요, 책과 클래식 음악에 둘러싸여 부모의 환한 표정과 밝은 목소리의 혜택을 누리지 못했기에 유머와 즐거운 수다가 무엇인지 몰라 남의 유머에 공감하지 못하고 비아냥거리며 분위기를 깼습니다. 당연히 이 아이는 다른 아이들에게 외면을 당했고 그럴수록 아이는 더 불만이 많은 독설가가 됐으며 다른 아이들과 어울리지 못했습니다.

유머는 즐거운 감정의 표현이며, 남의 유머에 웃는 일은 '공감능력'이 있어야 가능하므로 결국 유머는 사회성과 긴밀한 관련을 맺고 있습니다. 아이는 '행복한 일 5'를 통해 소리 내어 웃을 줄 알고, 남의 이야기에 즐거워하고, 자신도 곧잘 재미있는 이야기를 들려주게 되었습니다. 행복한 일을 자꾸 떠올리고 그것을 입 밖으로 말하며, 남의 행복한 이야기를 듣고 함께 그 감정을 느끼며 이 아이는 '행복'을 '갖게' 되었습니다. 행복 또한 반복과 학습을 통해 더 발달합니다.

자녀에게 '이게 행복이란다'를 느끼고 알게 하는 일은 중요합니다.

"아, 맛있는 음식을 먹으니 참 행복하구나."

"우리 가족이 함께 있어 정말 좋아."

"우리 비니 생일 축하해. 비니가 엄마 딸이라서 엄마는 너무 행복해. 고마워 딸."

아이가 기쁜 감정을 발달시키도록 부모는 기쁜 감정을 표현하는 말을 자주 들려주어야 합니다. 하루를 마감하는 저녁에 아이와 그날 행복했던 일을 회상해보세요. 부모님의 좋았던 일도 이야기해주어 아이의 세계를 넓혀주세요. 부모님이 행복한 삶을 살고 있다는 것도 전해줄 수 있습니다. 아이가 잠자기 전 즐거웠던 일, 행복했던 일을 나누세요. 아이는 미소를 지으며 잠들 것입니다.

행복은 느끼는 사람에게만 있는 마음속의 보물입니다. 행복은 찾는 사람의 눈에만 보입니다. 우리 가족이 미소를 띠고 있다면, 작은 일에도 손뼉 치며 웃는 여유가 있다면……, 우리 아이는 지금 행복하게 자라는 것입니다.

모든 Q와 유머감각은 통한다

우리는 몇 가지 Q에 열광하지요. 이왕이면 IQ가 높았으면 좋겠고 사회성지수인 SQ, 감성지수 EQ 등 모든 Q에서 우리 아이가 높은 수치를 기록했으면 좋겠다고 생각합니다. 당연합니다. 이것들이 조화롭게 잘 결합될 때 우리 아이가 성공적인 인생을 사는 것이 확실하니까요. 지능지수(IQ), 감성지수(EQ), 열정지수(PQ), 도덕성지수(MQ) 등의 모든 Q는 유머감각과 통합니다.

남에게 재미있는 이야기를 하려면 우선 그 내용을 이해해야 합니다. 그리고 가급적 암기해야 합니다. 암기력은 지능과 연결됩니다. 남의 유머에 공감하고 이해해야 함께 웃고 자신도 남에게 들려줄 수 있으니 공감능력과 감성지수가 높다는 것이지요. 재밌는 얘기를 머릿속에 외우고 맘으로 이해하고 좋아하는 것을 넘어 남에게 자신 있게 표현하면 사회성이 발달했다는 증거입니다. 남들로부터 '재밌는 얘기'라고 인정을 받는 것은 그만큼 풍부한 감성으로 이야기를 잘 풀어나갔다는 뜻이므로 언어능력과 표현력이 우수하다는 의미입니다.

이 시대가 왜 유머감각이 있는 사람을 원하는지, 유머와 창의성이 많이 닮아 있다고 말하는지 곰곰 생각할수록 저절로 고개가 끄덕여지며 공감하게 됩니다.

유머감각은 발달할 수도 있고, 사그라질 수도 있습니다. 아이가 부모님 앞에서 재미있는 얘기를 들려줄 정도라면 이미 부모자녀의 관계가 성공적인 것입니다. 아이가 작정하고 들려준 '웃기는 말'에 조금 유치하더라도 박장대소하며 웃어준 부모라면 아이와의 소통은 이미 이뤄진 관계입니다.

아이가 웃기는 말을 해준다고 해놓고는 저 먼저 깔깔깔 웃으며 시간을 지체하더라도 인내심을 갖고, 웃을 준비를 하고……. 이제 들었다면 크게 웃어주세요. 손뼉 치며 소리 내어 폭소를 터뜨리세요. 이야기를 듣고 웃는 부모를 보고 내 아이가 행복해합니다. 그리고 부모의 웃음을 경험한 내 아이는 누군가의 앞에서도 기죽지 않고 당당하게 자신을 표현합니다.

좌중을 둘러보며 여유 있게 미소 띤 표정으로 말하는 사람이라면 괜찮은 리더입니다. 자녀를 이런 사람으로 키우고 싶은가요? 비법은 부모님이 세상을 향해 보이는 밝은 표정과 아이에게 반응하는 '웃음'입니다.

유머감각을 키우면 창의력과 자신감도 함께 자란다

1. 아이가 자신의 말에 자신감을 갖도록 크게 웃어줘라

2. 아이의 엉뚱함과 실수를 허용하라

아이의 엉뚱함을 모험으로 여겨라. 에디슨이 계란을 품고 있었을 때 에디슨의 엄마가 "내가 너 땜에 못살아. 네가 닭이니? 어서 일어나지 못해"라고 했다면? 이 일화를 응용해 아이가 실수하거나 엉뚱한 면을 보여도 이렇게 얘기해주자.

"어이구, 우리 에디슨. 또 무언가 발명하려나보네."

무언가를 자꾸 잊거나 실수를 하는 아이라면 아인슈타인(아인슈타인도 일상에서는 건망증이 심했다고 함)에 비유해 이렇게 한마디해보자.

"우리 아인슈타인, 진짜 똑똑하면 일상에서는 가끔 깜빡한대! 그래서 메모가 필요할 것 같은데?"

3. 웃어주지는 못할망정 이런 말은 하지 않도록 미리 말해둔다

아이에게 영향을 미치는 가정환경에는 부모만이 아니라 형제자매도 있다. 부모는 그렇지 않겠지만 몇 살 터울 안 나는 형이나 누나에게도 미리 부탁을 해두자.

"이런 말은 가족간에 도움이 되지 않으니 우리 집에서는 금지란다."

(야, 그런 말이 어딨어. / 말도 안 돼! / 그만 웃어! 너부터 웃으면 어떻게 해! / 또 그 소리. 지난번에도 했는데 하나도 안 웃겼거든. / 쓸데없는 소리 좀 하지 마. / 그거 최신 시리즈 아니거든. / 웃기는 얘기하려면 제대로 알고 하든지.)

4. 무엇보다 유머의 기본은 인간존중임을 알려준다

상대의 특정 신체 부위나 이름 또는 개인적인 특징을 '웃기는 소재'로 삼으면 안 되며 상대를 폄하하는 왜곡된 유머도 좋지 않음을 가르치자. 건강한 유머를 습관화시켜야 한다.

❝
내일은 여름방학을 하는 방학식 날. 그래서 오늘은 1학기의 결과물을 집으로 가져갑니다. '결과물'이란 3월부터 유아가 했던 활동을 포트폴리오로 정리한 것을 말합니다. 다섯 살 유아들의 '가로선 긋기, 세로선 긋기' 활동에서부터 연령별로 각 단원별 활동 결과를 모아놓습니다. 입체적인 결과물은 그날 그날 집으로 가져갔지만 낱장 종이로 된 활동지는 이렇게 묶어 모으는데, 유아의 한 학기를 돌아보게 하는 소중한 결과물이지요.
"엄마아빠께 보여드리고 어떤 내용인지 이야기도 해주세요. 그리고 부모님이 해주신 칭찬을 내일 친구들 앞에서 자랑하기로 해요."
선생님은 칭찬을 꼭 기억하라는 얘기도 빠짐없이 했습니다. 이렇게 말하면 부모님이 퇴근해서 올 때까지 아이가 잊지 않으니까요. 내일 자랑을 해야 하는데 어떻게 잊겠습니까?
이때 열심히 선생님 얘기를 듣고 있던 정현.
"선생님, 그런데 우리 엄마가 과연 보시기는 할까요?"

이튿날, 아이들이 저마다 들은 부모님의 칭찬을 자랑하기에 여념 없습니다.
이때 정현이의 큰 목소리가 들립니다.
"제가 그랬죠. 절대 안 봐요, 우리 엄만."
정현이가 왜 크게 말했는지 알고 있습니다. 자랑한 게 아닙니다. 단지 자신의 말이 맞았음을 확인시켜 주기 위한 것이고 발표할 게 없는 게 자신의 잘못이 아니라는 것을 말하기 위함입니다.
같은 반 현지의 말은 이랬습니다.
"우리 아빠는 인크데더블(인크레더블)이래요. 얘들아, 아주 잘했다는 영어야. 우리 아빠 요즘 영어 공부하거든."
현지의 표정은 엄청 행복해 보였습니다.

'자기이해지능'을 발달시키는 부모

머리로 하는 사랑, 가슴으로 하는 사랑

'생일 축하식'은 일 년에 한 번 돌아오는 행사입니다. 유치원에서는 그 달 생일을 맞은 유아들을 모아 생일축하식을 합니다. 이날은 우리의 전통 옷, 한복을 입습니다.

정현이는 생일축하식에 한복을 안 입고 왔습니다.

"엄마가 깜빡 잊었나봐요."

선생님이 묻지 않았는데 정현이는 자신이 한복을 안 입고 온 사연을 얘기합니다. 현장체험을 갈 때도 정현이는 준비를 안 해왔습니다.

"엄마가 바쁘대요."

정현이 엄마가 정현이한테 바빠서 준비를 못해준다고 말했을 리 없습니다. 정현이는 준비를 못해준 엄마를 나름 변호한 것입니다. 그날도 정현이의 음료와 물은 선생님이 챙겨주어야 했습니다.

정현이는 발표도 잘하고 그리기나 만들기에도 뛰어난 여섯 살 남자아이입니다. '공룡' 단원을 공부하는 어느 날. 현장학습으로 공룡 체험전을 다녀와 '공룡 조립'을 했습니다. 정현이는 선생님의 도움을 받지 않고도 잘 만듭니다. 그뿐인가요, 친구들을 도와주기까지 할 정도였습니다.

"고마워, 정현아. 넌 공룡 천재야."

"아냐, 쟤는 원래 뭐든 잘해."

정현이의 도움을 받은 친구들이 고마움을 표현하니 '뭐든 잘하는' 정현이는 더 신이 났습니다. 다른 유아들도 자신이 만든 공룡을 집으로 가져간다고 하며 왁자지껄 즐거워합니다. 유아들이 공룡을 얼마나 좋아하는지 부모님이라면 알 겁니다. 특히 남자아이들은 그 어렵고도 긴 공룡 이름을 줄줄이 외웁니다. 드디어 귀가시간, 아이들은 신이 나서 공룡을 챙깁니다.

"우리가 만든 공룡 이름을 부모님께도 알려드리면 좋을 것 같아요. 부모님이 공룡 이름을 우리만큼 아실까요?"

선생님의 말에 민제가 으쓱하며 얘기합니다.

"아빠는 아실 테지만 엄마는 모를 수도 있어요. 그래서 제가 알려드려야 할 거예요."

여기저기서 자기 공룡 이름은 더 어려우니까 아빠도 모를 수 있다고 합니다.

"그럼 우리가 친절하게 알려드리면 좋겠네요. 오늘 전시장에서 본 공룡들 이름도 부모님께 들려주세요."

선생님은 유아들과 '안녕' 노래를 부르며 귀가지도를 합니다.

이때 들리는 정현이의 말.

"우리 엄마가 과연 제 얘기를 들을 시간이 있을까요?"

정현이와 한 학기 이상을 보낸 선생님은 어떤 말을 해주어야 할지 난감합니다.

아이가 느끼는 사랑이 진짜 사랑

정현이가 준비물을 챙겨오는 일은 거의 없습니다. 요즘은 가정에서 준비해야 할 것이 많이 줄어서, 준비물이라고 해야 단원에 맞는 내용의 책이 있으면 집에서 읽고 가져와서 소개하기(책에 관심 가지기), 내가 좋아하는 물건 가져와서 소개하기(말하기), 명절날과 생일축하식 날 한복 입기(우리나라, 세계 여러 나라 알기) 등 생활 주제에 맞춰 몇 가지만 관심 가지면 됩니다.

그런데 정현이는 입만 열면 이렇게 얘기합니다.

"우리 엄마가 과연 제 얘기를 들어줄까요?"

"우리 엄마가 과연 준비물을 챙겨줄까요?"

'과연'은 정현이가 자주 쓰는 단어입니다. 또래 여섯 살 아이들은 '과연'이라는 말을 잘 사용하지 않는데 정현이는 정말 말마다 붙입니다.

금요일에는 유치원에서 각 가정으로 보내는 통신문을 나누어줍니다.

"부모님께 꼭 보여드리세요. 다음 주에 우리가 어떤 활동을 하는지 여기에 다 들어 있어요. 중요한 편지니까 꼭 전해드리세요."

정현이가 기다렸다는 듯 입을 엽니다.

"우리 엄마가 과연 이걸 보시기는 할까요?"

월요일, 정현이의 가방에는 지난 금요일에 나눠준 통신문이 그대로 들어 있습니다. 정확히 표현하면 그대로는 아닙니다. 구깃구깃 구겨져 가방 바닥에 있습니다.

"엄마가 안 봐요."

정현이가 말합니다.

"엄마께 꺼내드리면 돼요. 오늘 잊지 말고 엄마 드리세요."

"그래도 우리 엄마는 안 볼걸요."

정현이의 엄마가 교육에 관심이 없는 걸까요? 그 어느 엄마보다 유치원에 자주 전화하는 정현 엄마이고 보면 관심이 없는 게 아닙니다. 그런데 잘 살펴보면 정현이에게는 관심이 없는 것도 같습니다.

유아기 때는 스스로 물건을 챙기는 것이 힘들므로 부모님의 도움이 필요합니다. 이 시기 유아에게 '자아존중감(Self-esteem)'은 절대적입니다. 유아의 자아존중감은 부모님이 가장 잘 채워줄 수 있는 부분입니다. 아이가 부모로부터 존중받고 있다고 느껴야 부모님이 그토록 강조하는 자신감을 가질 수 있습니다. 먼저 아이를 따뜻하게 가슴으로 사랑해야 합니다. 그 사랑을 이 시기에는 '관심'으로 표현해야 합니다.

유치원으로 전화해서 아이가 잘 지내고 있는지, 사회성 발달은 어떤지 상담하는 대신 아이가 부모님이 자신에게 관심을 가지고 있음을 느끼게 해주는 것이 우선입니다. 아이가 내미는 어떤 작은 것에도 활짝 웃으며 관심 가져주세요.

금요일, 아이가 매주 가져오는 '가정통신문'이지만 이렇게 반응해 주세요.

"어머나, 중요한 편지 가져왔네. 잘 전해줘서 고마워. 어떤 내용이 들어 있을까 읽어봐야겠구나."

선생님은 분명히 '중요한 편지니까 꼭 전해드리세요'라고 했고 아이

는 선생님의 말씀을 잘 듣고 부모님께 보여주었으니 칭찬받아 마땅합니다. '다음 주에는 어떤 활동들이 있을까?'를 아이와 살펴보는 것은 아이를 존중해주는 행위이며, '읽어봐야겠구나'는 유아기의 아이에게 '읽기에 관심 가지기'를 고양시키는 자연스런 학습 방법입니다. 일곱 살이라면 아이가 읽어보도록 하는 것도 좋습니다.

유아기에 보이는 부모님의 이런 관심과 사랑은 넘치고 넘쳐도 지나침이 없습니다. 우리 아이가 자신감을 가지고 발표 잘하고, 다른 사람 앞에서 주눅 들지 않고 자신의 생각과 느낌을 잘 표현한다면 좋지 않을까요? 그러려면 부모의 관심과 사랑이 우선되어야 합니다.

공공장소에서 뛰어도 아이 기죽을까봐, 자신감 잃을까봐 꾸중도 안 하고, 다른 사람에게 피해 주는 것을 알면서도 그대로 두는 게 자신감을 키워주는 방법이 아닙니다. 아이가 내미는 삐뚤빼뚤한 글씨에도 관심을 보이고 아이가 만든 울퉁불퉁한 작품에도 어떤 생각이 담겨 있는지 눈과 귀를 활짝 연 부모가 아이의 자신감을 키워줍니다.

"우리 엄마는 바빠서 안 볼걸요."

이런 말을 큰 소리로 하는 우리 아이를 상상해보세요.

자신감을 가질 때 '자기이해지능'도 높아집니다. 자기이해지능은 자신을 아는 것입니다. 자신이 무엇을 원하는지, 감정이 어떤지, 행동이 어떤지, 삶의 목표가 무엇인지, 미래의 목표 달성을 위해 무엇을 참고 또한 무엇을 해야 하는지를 파악하는 것입니다. 이런 자기이해능력이 높은 자녀라면, 삶을 성공적으로 이끌기 위해 부단히 노력할 것입니다. 이 능력을 키워주는 것이 부모의 올바른 관심과 반응입니다.

"우리 엄마가 과연 제 얘기를 들어줄까요?"

이걸 바꾸어 말하면 어떤 의미가 될까요? 혹시 이런 뜻이 되는 것은 아닐까요?

"저는 하찮은 존재거든요. 그저 그런 아이일 뿐이에요. 저는 존재감도 없고 부모님조차 제 말을 들어주지 않는 무시당하는 아이일 뿐이라구요."

이런 아이가 어떻게 자신감을 가지고 자신의 일에 최선을 다하며 밝은 마음으로 친구들과 어울릴 수 있겠습니까?

"선생님, 그런데 우리 엄마가 과연 보시기는 할까요?"

이를 달리 말하면 '제가 무엇을 하든 관심 받지 못해요. 저는 사랑받지 못하는 아이예요'입니다. 이런 아이는 자신의 능력을 발달시키기보다 퇴화시킬 수밖에 없습니다. 다른 어떤 지능보다 중요한, 유아기에 조금만 관심 받으면 높아질 수 있는 '자기이해지능'이 발전할 수 없는 것이지요. 자기이해지능은 나를 사랑하고 이해하는 것을 바탕으로 타인과의 바람직한 관계를 맺게 하는 사회성의 기초가 되는 주요 지능입니다.

자기이해지능을 발달시키는 부모

성공한 사람들은 공통적으로 '자기이해지능'이 높았다고 합니다. 지금 바로, 부모님의 말씀 하나, 관심어린 표정과 반응 하나가 우리 아이를 '성공하는 삶의 주인공'으로 만듭니다. 타고난 지능도 무시할 수 없지만 우리 부모님을 힘나게 만드는 진실은 양육환경이 더 중요하다는 것입니다. 양육환경의 중심에는 부모님의 '따뜻한 관심의 말'이 놓여 있습니다.

현지 아빠의 말을 다시 한 번 인용하고 싶군요.

"인크레더블(incredible)!"

아이를 향한 칭찬과 감탄사가 영어면 어떻고, 의성어면 어떻고, 과장되면 또 어떻겠어요. 아이를 향해 동원할 수 있는 모든 감탄사를 날려보세요.

"와, 대단한데!"

"우와아~ 진짜 멋져! 아빠한테도 가르쳐줄래?"

"우리 딸은 마법사의 손을 가졌나봐. 어쩜 이렇게 처음부터 끝까지 정성스럽게 했을까?"

"내일 소풍 가는 날이라고? 무엇을 준비하면 우리 딸이 좋아할까? 엄마랑 같이 시장에 갈까?"

하워드 가드너의 다중지능 이론

하버드대학교 가드너 교수(Howard Gardner)의 다중지능(Multiple Intelligence) 이론은 너무도 유명하다. 문제는 이 이론을 아는 것이 아니라 부모가 아이의 다중지능을 어떻게 계발하도록 도와주느냐에 달렸다. 그렇다고 8가지 다중지능(언어, 논리수학, 공간, 신체운동, 대인관계, 음악, 자기성찰 또는 자기이해, 자연친화) 모두를 계발시키려는 노력은 무모하다. 전부를 잘하는 것은 불가능에 가깝다. 아이가 좀 더 소질을 보이는 지능을 잘 찾아보자.

가드너는 다중지능 가운데서 강점을 보이는 몇몇 분야의 지능이 결합될 때 최대의 능력이 발휘된다고 했다. 그리고 여기에 꼭 결합시킬 능력이 '자기이해지능'이다. 유·초등기에는 '자기이해지능'을 계발해주는 부모가 유능한 엄마아빠다.

'자기이해지능'을 계발시키는 부모의 말

- 아이가 자긍심을 갖게 하는 말

  역시, 우리 딸이야. 잘 듣고 전해주다니 기억력도 놀라운걸.

- 과정을 칭찬하는 말

  거봐, 열심히 하니까 되지?

- 잘 안 됐을 때 격려하는 말

  항상 잘될 수는 없어. 그렇지만 도전은 계속되는 거야. 쭈욱~(유머를 잃지 마라).

- 목표 설정을 도와주는 말

  컴퓨터 프로그래머가 되고 싶다고? 어떻게 하면 좋을까?

"왜 그렇게밖에 못하니?, 네가 하는 일이 그렇지 뭐, 그래가지고 뭐가 된다고?, 잘도 되겠다." 이런 비아냥과 비난이 안 좋은 건 누구나 안다. 비난하지 마라. 또한 비난만큼 무서운 일은 부모가 자신에게 무관심하다거나 사랑받지 못한다는 느낌을 아이가 받는 것이다.

리더(leader)는 리더(reader)다

세상의 모든 리더(leader)는 리더(reader)였다
"오늘날의 나를 만든 것은 동네 도서관입니다. 하버드 졸업장보다 더 소중한 것은 독서하는 습관입니다."

　빌 게이츠의 이야기입니다. 더 이상의 수식어가 필요 없는 그는 초등학교 시절에 이미 독서에 몰입해 열 살이 되기 전 백과사전을 독파했다고 합니다. 어려서부터 읽어온 많은 책들이 그를 하버드로 진학시킨 힘이 되었는지도 모를 일이지만 분명한 건 빌 게이츠는 하버드 졸업장보다 소중한 것으로 독서하는 습관을 꼽았다는 점입니다.
　1999년 여름, 시카고에 갔을 때 저를 가장 매료시켰던 것은 그 동네의 도서관이었습니다. 그러니 빌 게이츠가 말한 '동네 도서관'이 어떤 의미인지 정확하게 전달됩니다. 그리 큰 것도, 시설이 어마어마한 것도 아니었습니다. 그러나 서가 빼곡이 차 있는 많은 책과 엄마와 아이가 자유롭지만 조용한 가운데 흥미롭게 책을 살피며 고르는 모습, 공들여 찾은 책을 사서 앞에 가져갔을 때 사서들의 낮지만 호들갑에 가까운 환대의 말과 친절함이 저를 놀라게 했습니다. 도서관 곳곳에 붙어 있는 아이들의 책 감상문, 모빌처럼 달아놓은 아이들이 그렸음 직한 책표지, 그림책 주인공 그림, 아기자기한 책들의 향연, 그곳은 책 천국이었습니다.
　사서는 아이들 한 명 한 명에게 지난 번 책은 어땠는지 물어보면서 이번에 고른 책도 아주 훌륭하다면서 아이들을 격려하고 으쓱거리도록 만들어주었습니다. 아이가 책을 읽고 싶게 만들고, 책 읽는 것에 자부심을 갖게 하기에 충분했습니다. 조용한 가운데의 생기발랄

함. 자칫 무거울 법한 도서관이 주는 거부감 없이 아이들은 책이 주는 즐거움을 가슴 가득 받아들이고 있었습니다.

우리의 도서관도 달라졌다
정말 끙끙 배 아프게 부러웠던 시카고 어느 주택가 마을의 도서관. 이 글을 쓰면서도 그때의 부러웠던 기억이 생생하게 떠오릅니다. 10년도 넘게 지난 지금, 이제 우리의 도서관을 둘러볼까요. 대한민국, 우리가 사는 동네의 도서관을 가보세요. 그 쾌적한 시설과 잘 갖춰진 장서들. 우리의 도서관도 시설면에서 결코 뒤지지 않는 상황입니다. 누가 먼저, 그 안에 가득한 보물을 손에 넣느냐의 문제만이 남았습니다.

  아이들과 도서관에 가보세요. 학교 갔다 오면 간식 챙겨주며 학원으로 독려해서 보낼 일이 아니라 함께 간식 먹고 엄마 손 잡고 도서관으로 살랑살랑 걸어가 보세요. 오고 가는 길에 도란도란 학교에서의 일, 친구 사이, 속상하거나 즐거웠던 얘기들을 나누세요.

  이런 기쁜 일들을 할 수 있는 시간이 그리 많지 않습니다. 초등학교 때까지나 가능합니다. 좀 더 엄밀히 말하면 열 살 정도일 것 같습니다. 그 이후로는 엄마 손보다는 친구 손을 잡으려 할 것이고, 마땅히 그래야 하는 때이기도 합니다.

문자 텍스트의 힘, 독서
미디어의 발달을 숨 가쁘게 따라가야 하는 우리에게 '책'이란 무엇일까요?

  책 자체가 우리에게 적극적으로 다가오진 않습니다. 눈 감아도 들리는 음악처럼, 손 하나 까딱하지 않고 소극적으로 앉아만 있어도 즐길 수 있는 TV나 영상매체처럼 적극적으로 우리에게 즐거움을 선사하진 않습니다. 우리가 손을 내밀어야 잡히고, 글자를 찾아 읽어야 하며, 두뇌를 끊임없이 작동시키는 등 적극적으로 나를 투자해야 합니다. 이뿐인가요, 인내와 자기의지 또한 필수입니다. 다른 재미있는 것들과 도저히 경쟁하지 못할 만큼 지루할 수도 있고 노력 대비 재미도 떨어질 수 있습니다.

  복잡하고 해야 할 일이 너무 많으며 흥미를 줄 만한 것조차도 제대로 하지 못하는, 시간이 부족한 시대를 살면서 어떻게 이런 험난한 독서의 세계로 들어갈 수 있을까요?

  부모님은 부모님의 부모님으로부터 '책 좀 읽어라'라는 소리를 들었던 기억이 나나요? 그때의 기분도 기억하는지요? 그럼 자녀에게는 어떻게 할 예정인가요? 읽어라가 아니라 읽는 모습을 보이는 것이 좋습니다. 그러나 엄마아빠가 열심히 책 읽는 모습을 보인다고 해서 우리 아이들이 바로 책 읽기를 모방하지 않을 수도 있습니다. 하지만 최소한 독서하는 분위기를 느끼는 것만으로도 아이는 책 읽는 환경의 영향을 받을 것이 분명합니다.

모든 것이 그렇듯 독서도 습관입니다. 습관은 형성될 때까지 많은 시간을 필요로 합니다. 특히 '세 살 버릇 여든까지 간다'는 속담대로 어렸을 때 습관을 들여야 좋습니다. 책 읽기 습관은 운명까지 바꿔줄 수 있습니다. 습관은 인생을 바꾸는 큰 힘입니다.

아이를 위해서 시작한 독서가 부모님의 인생도 바꿀 수 있습니다. 부모가 되면 애들 덕에 어른이 되고, 애들 덕에 부모의 인생이 멋지게 바뀔 수 있으니까요.

TV 시청 시간과 인터넷 사용 줄이기

우리에게 주어진 시간은 공평합니다. 하루 24시간. 그런데 많은 사람이 이렇게 말합니다.

"바빠서 영화도 못 보고 여행은 꿈도 못 꿔!"

"바빠서 죽겠는데 애들하고 놀 시간이 어딨어."

모두가 이렇게 바쁜 시간을 살다 보니 책 읽기에 투자할 시간은 좀처럼 없어 보입니다. 하지만 작정을 하고 책 읽기를 시작하면, 자연스럽게 TV 시청과 인터넷 사용시간을 줄일 수 있습니다. 아니, 줄여야 합니다. 바빠서 죽을 시간도 없는 사람이 멍하니 TV를 보며 시간을 죽이는 것은 모순입니다. TV 시청도 알고 보면 습관이지요. 퇴근 후에 손도 안 씻고 리모컨 먼저 잡는 사람도 있다고 들었습니다.

"문제예요. TV 소리가 안 들리면 뭔가 허전해요."

그러면서 아이가 TV 앞에 넋 놓고 앉았다고, 컴퓨터 앞을 지키고 있다고 뭐라 할 수는 없습니다.

TV는 때로 휴식과 여유로 연결되므로 TV 시청이 나쁜 것만은 아닙니다. 그러나 분명한 건 TV가 가진 마력이 있어 쉽게 빠져든다는 사실입니다. 이런 마력 때문에 아직은 자제력이 부족한 아이들이 TV와 인터넷에 '중독'되기 쉬운 것입니다. 중독은 사람을 피폐하게 만듭니다. 그러나 책은 보람과 성취감을 약속합니다. 인간이 진정으로 원하는 것이 뿌듯한 만족감이라면 독서만한 것이 없습니다.

나들이하자, 서점과 도서관

가족 나들이 장소로 한 달에 한 번이라도 서점에, 도서관에 가면 어떨까요? 매 주 가면 더 좋겠지만 책 세상 외에 다른 것도 경험하고 즐겨야 하니까 이 정도라도 괜찮습니다. 쾌적한 도서관에서 책을 읽고 난 후 보람이 가득한 마음으로 아이와 맛있는 식사를 하며 읽은 책 이야기도 나누세요. 상상만으로도 행복이 샘솟는 것 같습니다.

  책들의 향연을 맘껏 즐기고 아이들에게도 책을 가깝게 느끼도록 해주는 부모님이라면 아이와 함께 시간을 보내며 '대화'라는 소중한 보물도 얻을 수 있습니다. 서점이나 도서관에 갈 때는 편한 옷을 입고, 통로에 앉거나 서가를 가로막아 사람들에게 불편을 주지 않도록 하며, 큰 소리도 자제하도록 주의를 주세요. 그리고 읽고 싶은 책을 한 권씩 사서, 혹은 빌려서 나오는 가족의 뒷모습, 근사합니다.

  잊지 마세요. 서점과 도서관에 갔을 때 엄마아빠가 먼저 뿌듯해하고 좋아해야 합니다. '아, 엄마아빠는 책이 정말 좋아!' 하는 표정. 그러다 보면 진짜로 책이 좋아질 거예요. 그 모습을 보며 아이들도 덩달아 행복해집니다.

  책들 사이에서 무엇을 읽을까 진지하게 고민하는 아이의 모습이 리더의 모습입니다. 리더(leader)는 리더(reader)였습니다.

Part 02

마마보이, 마마걸로 키우는 부모

> 엄마와 대학교 4학년생 딸이 눈썹을 그리러 왔습니다.
> "자연스럽게, 안 한 듯 표시 안 나게 해주셔야 해요. 그리고 좀 가늘게, 눈꼬리보다 살짝 길게 그려주세요."
> 엄마는 딸의 눈썹을 반달 모양으로 길게 (문신)해달라고 주문을 합니다.
> "요즘 학생이나 아가씨들은 가늘고 긴 눈썹보다는……. 마침 얼굴도……."
> 전문가는 그 대학생 딸에게는 이러이러한 눈썹이 좋겠다고 권했습니다.
> "네가 결정해야겠다. 엄마가 생각하기에는 가늘게 반달 모양이 좋을 듯한데 네가 선택해."
> 몇 차례 모녀간에 선택의 양보권이 오고 갔습니다. 딸의 얼굴은 점점 곤혹스러워졌고, 이를 바라보는 엄마의 얼굴에는 '얘는 이렇게 엄마를 존중해요' 하는 자랑스러움이 가득했습니다.
> "엄마, 나 어떻게 해?"
> 딸이 자신에게 온 선택을 다시 엄마에게 넘깁니다.
> 딸은 이른바 명문 대학의 법대 졸업반, 어릴 때부터 엄마의 자부심이자 존재 이유인 자랑스러운 딸이었습니다.
> "엄마, 엄마가 결정해줘."
> 딸이 다시 응석부리듯 말합니다.
> "아유, 얘는 꼭 애처럼 매사 엄마한테 물어보기는…… 참 걱정이야. 너, 엄마 없이 어떻게 살래?"
> 말은 걱정이라고 했지만 엄마의 목소리에는 딸이 사랑스러워 어쩔 줄 모르겠다는 느낌이 가득합니다.
> 딸은 끝내 '엄마의 결정'으로 자신의 눈썹 모양을 선택했습니다.

01
엄마, 나 어떡해

책상머리로 똑똑하지 말고 현장에서 똑똑하자

예전에는 미용실이나 카페에서 삼삼오오 모여 이야기 나누는 것에 큰 관심이 없었거니와, 더구나 남의 대화에 '그게 무슨 얘기예요?' 하며 끼어드는 재주도 없었습니다. 그러나 부모교육을 하면서부터는 다른 사람의 말에 귀를 기울이게 되었습니다. 듣고 보니, 알고 보니 그저 '남 얘기'가 아니라 '진짜 세상 사는 이야기'이고, 우리 아이들 키우기에 참고가 되는 소중한 자료들이더군요. 가십거리나 남 험담이 아닌, 우리 아이들과 우리 부모들 얘기였습니다. 이 세상에 자식 아닌 사람이 없고, 부모이거나 동시에 부모가 될 사람이니 말입니다.

40대 형제가 미용실 문을 열고 들어왔습니다. 80대 노부부도 함께입니다. 두 형제가 머리를 다듬으러 왔는데 부모님이 동행한 것입니다. 그런데 희한한 장면이 연출되어 저절로 관심이 쏠립니다.

"선생님, 아드님들 머리 어떻게 할까요?"

미용의자에 앉은 형제들에게 묻는 것이 아니라 노모에게 의견을 구하는 게 이상합니다. 노모는 자연스럽게 이러저러하게 해달라고 말합니다. 두 형제는 어머니의 의견대로 머리를 다듬고, 가족은 토요일 정해진 일과대로 '가족모임 식사'를 하러 간다고 나섰습니다.

저는 놀랍기도 하거니와 호기심이 가득해졌습니다.

"원래 할머니가 아드님들 머리 모양을 결정해주세요. 재미있죠?"

저는 '사람 일은 보이는 게 전부는 아니다'라는 말을 상기하며 이렇게 물었습니다.

"혹시, 부모님 기쁘게 해드리려고 오늘만 그러는 것 아닐까요? 효도하는 마음으로?"

"아니에요. 저희 단골이신데 처음 왔을 때부터 엄마한테 머리 모양을 물어보더라구요. 그래서 저희는 아예 할머니(엄마)한테 여쭤봐요. 아들들한테 물어보면 바로 '엄마, 어떻게 자를까요?' 하더라구요. 재밌죠? 귀엽기도 하고."

아뇨. 재밌지도 않고, 귀엽지도 않습니다. 미용실 직원이 한 다음 말은 더 흥미롭더군요.

"놀라지 마세요, 두 분 다 박사에 의사세요."

이 부분에서는 정말 놀랐습니다. 아무나 의사와 박사가 되는 건 아니니까요.

부모 품에서 벗어나야 결혼도 하는 세상

36세, 학원을 운영하는 희지 씨와는 보라카이 여행길에서 만났습니다. 그녀는 마침 혼자 온 터라 우리 팀과 함께 움직였는데 어찌나 엽렵하고 상냥한지 며칠 동안의 여행이었지만 마치 예전부터 알고 지내 온 사이처럼 지내게 되었습니다.

참 지혜롭고 어여쁜데다가 학원을 직접 운영하는 대표였는데 차를 마시며 나눈 이야기들에 좀 의아한 내용이 있었습니다. 희지 씨 부모님은 마치 지금도 그녀를 아이처럼 대하는 듯했습니다.

"희지 씨 엄마는 희지 씨를 엄청 사랑하나봐요."

"저희 엄마요? 엄청 사랑하시죠. 지극하다 못해……. 저는 우리 엄마 덕분에 결혼은 다했어요."

대학생 때부터 미팅도 제대로 못했다는 희지 씨. 그래도 자신을 너무 사랑해서 그러는 거라고만 생각하며 지냈는데 서른이 넘어 본 어느 맞선에서 상대 남자에게서 충격적인 이야기를 들었다고 합니다.

"제가 희지 씨랑 엮이면 장모님 그림자랑 평생 살아야 할 것 같네요."

"네? 우리 엄마랑, 왜요?"

"희지 씨를 그렇게 사랑하는데 어떻게 혼자 결혼시키겠어요?"

"호호, 우리 엄마가 저를 사랑하기는 하세요. 애들이 다 부럽댔어요. 우리 엄마가 저를 끔찍이 생각하셔서……. 그런데 그게 좋으면 좋았지, 왜요?"

그때까지만 해도 희지 씨는 엄마의 사랑을 당연하다고 생각했기에 천진하게 물었다고 합니다. 하물며 '그런 나한테 장가오는 당신은 복덩어리 잡은 거지' 이렇게 생각하며 생글생글 웃었더랍니다. 그런데 돌아온 대답은 충격적인 이별선언이었대요.

"희지 씨, 그거 몰라서 물으세요? 이건 완전 몇 년 전 할리우드 영화 같아요. 장모 등쌀에 이혼까지 하는 그런 영화요. 희지 씨를 유치원 애 취급하는 거 모르세요? 엄마가 이래라저래라……. 그거 이상하지 않아요?"

"그건 어느 부모나 마찬가지 아닌가요?"

"……."

그 남자는 아무 말 없이 희지 씨를 쳐다보더랍니다. 기분이 나빠진 희지 씨.

"저한테 불만이 있으면 얘기하면 되지 우리 엄마까지 끌어들이는 건 이상하네요. 다른 남자들한테는 오히려 저하고 결혼하면 장모님이 잘해주셔서 좋겠다는 얘기를 들었는데……."

"죄송합니다. 먼저 일어나겠습니다. 참, 오늘은 엄마가 '저녁은 먹고 헤어져라' 하고 문자 보내셨나요?"

"그랬는데요. 왜요?"

희지 씨는 정신이 번쩍 났습니다. 아, 그런 거였구나. 그거였구나. 그러면서 소개를 받은 첫날의 기억이 퍼뜩 떠올랐답니다.

맞선(소개팅) 본 첫날, 둘은 너무도 말이 잘 통했습니다. 희지 씨도 맞선남이 맘에 들어 차를 마시면서 2시간 동안 시간 가는 줄 모르고 이야기를 나눴다고 합니다. 그러다 보니 저녁식사를 할 시간이 된 것이지요. 그런데 희지 씨는 맞선장소에 들어오기 직전 다시 한 번 엄마로부터 확인문자를 받았습니다.

'처음 본 날은 저녁을 함께 먹지 마라. 쉬워 보인다. 맘에 들수록 식사는 다음에. 그래야 네 가치가 올라간다.'

그래서 희지 씨는 정말 아쉬웠지만 저녁식사를 함께하자는 제의를 거절했습니다. 그 남자는 안타까워하며 몇 차례나 식사를 권했습니다. 계속 거절하는 게 미안했던 나머지 희지 씨는 애교를 섞어 변명을 했습니다.

"저희 엄마가요, 맞선 본 날은 식사하는 게 그렇다고 해서요. 죄송해요."

희지 씨는 이런 말을 하면서 이상하다거나 잘못된 것이라고는 생각조차 못했다고 합니다.

"아, 네. 어머님이 섬세하시네요."

이때까지만 해도 상대 남자 또한 이렇게 반응을 보였다고 합니다.

그렇게 몇 개월의 만남이 지속되었습니다. 그동안 희지 씨는 둘 사이에 엄마가 늘 함께했다는 것을 의식조차 못했는데 그 남자, 놓치고 싶지 않았던 그 남자는 희지 씨의 엄마가 갈수록 불편했던 것입니다. 희지 씨는 말끝마다 '엄마가요……', 모든 상황에서 '엄마는 이럴 때……'라고 했습니다. 심지어 남자친구에게 선물을 할 때도 엄마의 코치를 받은 희지 씨는 '이거 엄마가요…… 그래서 골랐어요.'라고 했답니다. 희지 씨는 그것이 상대 남자에게 어떻게 전달되는지 몰랐습니다. 부담감을 넘어 희한한 모녀관계로 비춰진 걸 말이지요.

희지 씨는 뒤늦게 깨달았습니다. 자신에게는 엄마의 그 모든 것이 자연스럽고 당연했고 뿌듯하기까지 한 사랑이었는데 누군가에게는 그게 '희지 씨와 그림자(엄마)'로 부담스러웠다는 것을요.

희지 씨는 지금 서른여섯 살입니다. 그렇다고 그녀가 골드미스를 자청하는 건 아닙니다. 누구보다 결혼을 하고 싶고 아기도 낳아 예쁘게 키우며 사랑스러운 가정을 꾸리는 게 소원이라고 했습니다.

"이제 저한테 장가올 사람이 없을 거 같아요. 이건 결혼이 아니라 장가오는 거니까요."

그 후로 만난 또 다른 남자도 이렇게 말했답니다.

"희지 씨와 결혼하려면 희지 씨 엄마한테 먼저 통과돼야 하는데 전 자신 없어요."

희지 씨가 아픈 이별 후 그렇게 조심했음에도 똑똑한 이 시대의 남자들은 몇 번 만나고 알아차린 겁니다. '이거 안 되겠는걸. 장모 등쌀에 남아나지 않겠어.'

'밀당'에서 배우는 부모의 자식 사랑

사랑도 제대로 해주어야 합니다. 젊은이들의 사랑에만 '밀당'이 있는 게 아닙니다. 부모와 자식의 사랑에도 '밀고 당기기'가 필요합니다. 연애와는 다른 부모 자녀간의 밀당은 언제 밀고 당겨야 하는지 알아야 자녀의 인생에 도움을 줄 수 있습니다. 부모와 자녀의 밀당은 사랑을 받기 위한 작전이 아니라 '잘 주기 위한' 밀당이라는 점에서 큰 차이가 있지요. 자꾸 밀지만 말고, 무작정 당기지만도 마세요.

언젠가 자유롭게 세계일주를 하고 싶다는 꿈을 가진 저는 일주일에 한 번 영어 선생님에게 개인 수업을 받습니다. 교재 없이 그냥 영어로 대화를 나누다 보니 이런저런 일상의 이야기가 대부분입니다. 언어의 낯설음이 때로 편하기도 해서 누구한테도 말하지 못했던 이야기, 연애, 결혼에 대한 생각, 부모님 이야기 등이 자연스레 오고 가지요.

영어 선생님의 얼마 전 헤어졌다는 '전 남친' 이야기에 제 귀가 활짝 열린 것은 그 원인이 바로 남자친구의 엄마에게 있다는 말 때문이었습니다. 전형적인 마마보이인 전 남친을 만날수록 감당할 자신이 없어지더랍니다. 저는 그 남자친구 엄마를 대신해 변호 비슷하게 말했습니다.

"엄마 눈에는 스물이 넘어도 애로 보이고 서른이 넘어도 어설프게 느껴져요. 그래도 결혼하면 안 그럴 텐데?"

"애인이 있는 아들한테 격주 토요일에 한 번은 부모님과 시간을 보내야 한다고 강요하는 것도 이해해야 하고, 열 시 넘으면 어디냐, 언제 오냐……, 이런 것도 받아들여야 하나요? 한국 엄마들은 진화를 안 하는 거 같아요."

영어 선생님의 나이 서른, 남자친구 나이 서른둘. 결국 둘은 헤어졌다네요. 20년 넘게 외국에서 산 영어 선생님은 과감하게 '한국 엄마들' 운운합니다. 그때 드르르 휴대폰이 진동을 하며 문자가 왔음을 알립니다.

"괜찮아요, 확인해보세요."

그러자 영어 선생님이 휴대폰을 보고서는 빙긋 웃습니다.

"좋은 소식이에요?"

"네, 엄마가 어제 선본 남자랑 오늘 만나서는 뭐 할 거냐고 물어서요."

"아, 그래요? 선생님도 혹시 마마걸?"

제가 가벼운 농담처럼 말하자 영어 선생님이 그 예쁜 얼굴에 함박미소를 지으며 답합니다.

"그래 보여요? 그런가? 근데 원래 그런 거 아니에요? 딸이니까."

그러면서 본인도 느낌이 그랬는지 또 한 번 웃고 덧붙입니다.

"가끔 저도 헷갈리기는 해요. 한국에 오니 외국에서는 말도 안 되는 건데, 저도 이런 게 자연스러워졌어요. 다른 친구들 부모님도 다 그래요. 심지어 아빠들도 엄청 관심 갖던데, 저희 아빠도 그렇고……. 저도 엄마가 이러는 게 좋을 때도 있고, 귀찮을 때도 있고. 또 안 그러면 불안하고, 자꾸 관심 가지면 애 취급 받는 것도 같고. 근데 한국 엄마들 왜 그래요?"

우리는 둘 다 웃음을 터뜨렸습니다. 오랫동안 외국생활을 하고 온 영어 선생님, 아직은 엄마가 되지 않은 영어 선생님은 아무렇지도 않게 '한국 엄마들 왜 그래요?'라고 했지만 저는 웃음 끝이 씁쓸했습니다. 우리, 정말 왜 그럴까요?

우리 부모의 사랑이 지금 왜곡되고 비판받고 있습니다. 그 사랑 때문에 우리의 아들과 딸들이 '결혼은 다했다!'고 자조 섞인 한탄을 합니다. 아들의 여자친구는 "니 엄마 땜에…… 너를 사랑하지만…… 결혼은 하면 안 될 거 같아." 하고 이별을 말하고, 딸의 남자친구는 "너를 사랑하지만…… 너랑 결혼하면 니 엄마 그림자랑 함께 살 것 같아. 그래서 사랑은 하지만 결혼은…… 그래." 하며 딸에게 헤어짐을 통보합니다.

눈에 넣어도 안 아프고 대신 죽을 수도 있는 내 금쪽 같은 딸과 아들이 사랑을 하게 되면 '부모 때문에' 이별을 해야 하네요. 제대로 된 사랑의 결실도 채 못 맺고, 미리 겁먹고 서로 도망치게 되었습니다.

아, 그러고 보니 이 사랑스러운 우리 아들딸이 '캥거루족'이 된 것을 단순히 사회문제나 세상의 탓이라고 했는데 그게 아니었군요. 부모의 '애 취급'으로 어른이 될 엄두를 못 내고, 잘 성장한 큰 키를 구부정하게 숙이고 '애들처럼' 살고 있는 것이군요.

그러니 직장에서 어려운 일이 생기면 극복하기보다는 회피하려 하고, 지루해지면 사표 내고, 몇 년 일하고 나면 쉽게 매너리즘에 빠지고, 그걸 이겨낼 생각은 안 하고 '더 늦기 전에 유럽여행이나' 하고 오겠다고 멋진 척하며 사표를 냅니다.

2, 30대가 힐링이 무슨 말입니까? 5, 60대의 부모 세대가 힐링을 얘기해도 '벌써……' 할 판인데요. 그러나 젊은이들이 힐링 얘기를 하고, 청춘을 칭얼거려도 괜찮은 나이쯤으로 봐주는 이 시대의 풍속도가 알고 보니 부모의 '과유불급 사랑'에서 비롯된 것이군요.

서른 넘은 자녀가 '좋은 짝' 만나 결혼해서 예쁘게 가정 꾸리기를 바란다면 지금 멈추어야 할 것 같습니다. '너 잘되라고, 이왕이면 더 좋은 가정 꾸리라고'와 같은 극진한 이유는 멈추고, 대신 그 관심을 부모 자신에게 돌리세요. 그동안 잘 키웠잖아요. 애기 때는 밤잠 못 자며 지켰고 유치원 다닐 때는 부모교육 책 읽으며 더 잘 키워보려고 부단히 애쓰며 부모의 시간과 경제를 희생했고, 아이가 학교 다니면서는 잔소리라는 구박까지 들으면서 노심초사했고……. 끝도 없이 힘들었던 부모로서의 삶만 살아 정작 당신들의 인생은 어디에도 없었는데, 이제 때가 되었습니다. 어머니, 아버지의 삶에 충실하고, 자녀는 자녀의 길을 걷게 해주세요. 그래야 아름다운 청춘들의 억울한 이별이 더 이상 없을 것 같습니다.

"니 엄마 땜에……. 우리 헤어져!"

자신의 얼굴에 어떤 눈썹을 그릴지를 두고 스물세 살이나 된 딸이 엄마에게 이렇게 말하지 않을 것입니다.

"엄마, 나 어떻게 해? 엄마가 결정해줘."

> 여행에 어린 딸아이를 데려온 부부가 있었습니다. 엄마는 둘째아이를 임신 중이라고 했습니다. 아이에게 참 지극한 아빠였기에 둘째를 임신한 아내와 가족여행이 가능했겠지요. 정말 좋아 보였습니다.
> 그러나 아빠의 사랑이 넘쳤던 걸까요. 아이는 함께 여행하는 사람들에게 불편함을 줄 정도로 칭얼거리고 떼를 부립니다. 그래도 아이니까 모두들 이해했지요.
> 그런데 아빠에게는 다른 사람은 없고 아이만 보이는 듯합니다. 아이가 선잠에서 깨어 칭얼거릴 때도 아빠는 이렇게 말합니다.
> "어, 미안해요. 아빠가 미안해요. 아빠가 잘못했어요."
> 아이가 뛰다 넘어져도 아빠는 아이를 안아주며 말합니다.
> "어, 미안, 미안해요. 아빠가 미안해요. 아파? 여기 아파?"
> 아빠는 여행하는 며칠 동안 누구에게도 불편을 끼쳐 미안하다는 말도, 이해해달라는 부탁도 하지 않았습니다. 그런 아빠가 아이에게 가장 많이 했던 말은 '미안해요'였고 아이가 아빠한테 가장 많이 했던 건 '반말과 투정'이었습니다.

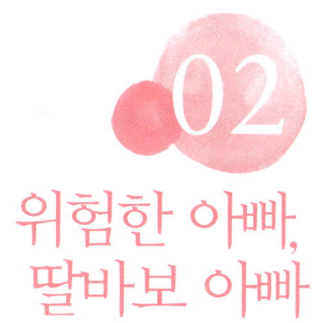

02
위험한 아빠, 딸바보 아빠

아빠, 뭐가 미안한 겁니까?

도대체 뭐가 미안한 겁니까? 애가 잠 깨서 칭얼거리는 게 왜 아빠가 잘못한 일이며, 애가 혼자 뛰다 넘어져 우는데 왜 아빠가 미안하다고 하는 건가요?

절대 안 되는 교육입니다. 아이들을 날개 안 달린 천사라고 하지요. 맞습니다. 하지만 아이들의 마음에는 양면성이 있습니다. 아이들이 천사 같은 마음을 지키며 살아가도록 하기 위해서는 올바른 가치관을 정립하도록 교육시켜야 합니다.

아이들이 올바른 인성을 키우고 제대로 된 가치관을 갖게 만드는 걸 학교에만 기대서는 안 됩니다. 학교폭력이 수위를 넘어 사회문제로 대두되고 있다는 이야기가 끊이지 않네요. 신문과 방송매체는 계속해서 학교폭력의 심각성과 그 후유증을 다루고 있고 동영상에서 보이는 욕설과 폭력장면은 섬뜩합니다.

부모만이 할 수 있는 아이 교육이 있습니다. 지금 이 시대는 어른이 부재합니다. 심지어 길에서 아이들이 싸우고 있어도 선뜻 나서서 말려줄 어른이 없습니다. 아이를 교육하려면 부모에게 권위가 있어야 합니다. 특히 아빠만이 가지는 권위가 있습니다. 두세 살 아이가 예쁘고 귀엽고 안쓰럽다고 무조건 '아빠가 미안해요'라는 의미 없는 말을 반복해서는 안 됩니다. 심지어 어느 아빠는 아이가 넘어져 울거나 떼를 부리면 아이의 손을 아빠에게 가져다 대주며 '떼찌, 아빠 머리에 떼찌 해' 하며 아빠의 머리에 분풀이를 하라고 합니다. 이유 있는 분풀이도 해서는 안 된다고 가르쳐야 하는데 하물며 아무 잘못도 없는 아빠의 머리와 뺨을 대주며 아이를 달래는 것은 분명 '안 되는' 행동입니다.

뺨과 머리를 아이 앞에 내밀지 마세요. 아이가 아빠를 '떼찌' 하며 때리고, 아빠는 '어이쿠, 아야야 아파' 하며 우는 시늉을 하면서 아이를 까르르 웃게 하는 행위는 달래는 것이 아닙니다. 아무리 어려도, 아니 어릴수록 YES와 NO, NEVER를 정확히 가르쳐야 합니다. 해야 할 일, 하지 말아야 할 일, 해서는 절대 안 될 일을 가르치는 데 부모가 먼저 나서야 합니다. 모든 부모가 그렇게 할 때 왕따와 폭력이 줄어듭니다. 학교폭력을 문제로만 두고볼 일이 아니라 이를 근절할 수 있는 대책이 필요합니다. 바로 가정, 부모로부터 그 방법이 나옵니다.

부모의 무분별한 허용과 관대함이 가치관이 흔들리는 아이로 키우고, 가치관이 제대로 정립되지 않은 아이들이 만들어가는 세상은 상상만으로도 위태롭습니다.

넘치는 아빠의 사랑

제가 자문위원으로 있는 유아교육기관의 입학식 날이었습니다. 처음 낯선 곳에 온 유아들인 만큼 부모와 함께 있다가 식이 시작되면 앞자리에 따로 나와 앉게 했습니다. 입학식은 5세, 6세, 7세의 연령 특성, 변화하는 가족관계를 가장 잘 관찰할 수 있는 시간이기도 합니다. 축사를 하기 위해 앞자리에 앉은 저는 이 시간에 해마다 변하는 풍속도를 직접 체험합니다.

처음 기관에 입학을 하는 5세 유아들은 부모 곁을 선뜻 떠나기 어려운지 울기도 합니다. 최근 들어 우는 아이를 안고 달래는 분이 엄마가 아니라 아빠가 더 많다는 사실이 눈에 띕니다. 엄마는 그냥 앉아 있고 커다란 장정 아빠들이 아이를 거의 감싸듯이 안거나 손 잡고 나와 자리에 앉히는 모습이 참으로 인상적입니다. 아이를 얼마나 잘 달래는지 완전 유아교육 전공자를 연상케도 하지요.

"어, 그래그래. 아빠도 여기 앉아 있을게요. 괜찮아, 안심해요. 아빠 여기 있어요."

말하는 내용이나 말투도 유치원 선생님 같습니다. 그리고 아이에게 약속한 대로 옆에 앉으려고 합니다. 이때 제가 살짝 나섭니다.

"여기는 유아들만 앉아 있으니 아빠는 원래 자리로 가시는 게 좋겠어요."

그럼 아빠는 엉거주춤 옆으로 나가 통로 쪽으로 옮깁니다. 그러나 차마 아빠의 자리로는 못 가고 그 자리에서 아이를 향해 손을 흔들며 다시 안심시킵니다.

"아빠 어디 안 가고 여기 있을게요. 알았지요?"

울먹거리는 아이를 향해 말하는 아빠. 아이는 고개를 끄덕이며 대꾸합니다.

"아빠, 거기 있어야 해. 어디 가면 안 돼."

그림같이 예쁜 딸아이는 아빠에게 다짐을 받아냅니다.

"알았어요. 아빠가 약속할게요."

하트 모양까지 그리며 아빠는 아이를 달랩니다. 이제 다섯 살의 유아가 분리불안을 보이는 것이기에 아이를 울리는 것보다는 낫겠다 싶어 저도 이 정도에서 아빠를 이해하기로 했습니다.

그러나 잘 살펴보면 딸아이는 아빠에게 당당히 반말을 사용하고 있습니다. 아빠는 경어로 일관하고 있으며 딸과의 약속을 지키기 위해 전체가 지켜야 할 규칙을 깨뜨립니다. 마냥 예쁜 것에 대한 표현이 왜곡되고 있다는 느낌입니다.

만약 모든 아빠들이 '내 딸 곁에 있고 싶어서 혹은 아이가 낯선 곳에서 정서적으로 충격 받을까봐' 아빠의 자리를 지키지 않고 앞다투어

통로에 앉는다면…… 그게 바로 우리 부모가 염려하는 무질서와 혼돈의 세계 아닌가요.

지금 내 아이는 비슷한 수준의 아이와 자라고 있다

'딸바보'라는 말이 언제부터인가 사용되기 시작했습니다. 딸을 바라보기만 해도 행복한 아빠, 딸을 너무도 사랑해서 바보가 되어버린 아빠! '딸바보 아빠'는 긍정적이고 사랑스런 느낌으로 여겨져 아들만 둔 아빠를 참으로 부럽게 만들었습니다. 그러나 살펴보면 위험하고 조심스러운 말, 딸바보 아빠.

내 자식 내가 사랑하는데 넘치면 어떻겠습니까마는 자녀에 대한 사랑에도 교육이 함께해야 함을 기억해야 합니다. 지나치면 미치지 못함과 같다고 했습니다. 부모의 자녀 사랑은 가만히 놔두면 넘치는 게 이치입니다. 그래서 조절이 필요하지요. 많이 사랑하되 제대로 된 사랑을 해야 한다는 전제가 필요합니다.

사랑하는 내 딸이 언제까지나 아빠와만 함께한다면 문제가 없습니다만, 이 딸아이는 또래 친구들과 어울리고 새로운 세계를 경험해야 한다는 과제를 안고 있습니다. 더욱이 딸아이의 또래 또한 자신의 아빠로부터 만만치 않은 사랑과 최고의 대접을 받은 아이들입니다. 이런 귀한 딸아이들은 지금 자신밖에 모르는 발달단계를 거치며 성장하고 있으므로 양보가 무엇인지 알아가야 합니다. 이 시기 발달단계 중

대표적인 특징이 '자기중심적'이므로 양보와 타협보다는 자신만 또는 자기 위주로 생각하기 때문입니다.

가정에서 아빠가 '네가 최고야!'가 아니라 '너만 최고야'로 키운다면 아이는 자기중심적 사고방식에서 벗어나지 못해 적응에 문제가 생기고 또래와 잘 어울리지 못할 수 있습니다. 혹시 지금 우리 아빠들이 '딸아, 너만 최고란다. 그러니까 아빠한테도 네 맘대로 해도 되고 애들하고 놀 때도 너만 생각하면 돼'라고 잘못된 암시를 주며 키우는 것은 아닐까요.

아빠가 딸에게 지나친 경어를 사용하는 것 또한 바람직하지 않습니다.

지나친 경어 사용, 지나친 존중이 부르는 몇 가지 오류

내 아이는 그럴 리 없다고 믿겠지만 지나친 사랑을 받고 자란 아이의 특징 몇 가지를 들어보겠습니다.

먼저 자신이 최고라는 우월감이 있습니다. 반면에 의존적입니다. 또한 버릇없는 행동을 보입니다. 자신을 존중하고 꼬박꼬박 경어를 사용해주는 하늘 같은 아빠의 비호를 받고 자란 아이는 리더십이 있을 것 같지만 자신을 받아들여주지 않는 누군가 앞에서는 금방 무너집니다. 아빠가 사용한 경어와 존중은 사실 아이의 비위를 맞춘 것에 불과한 거니까요.

또한 문제해결력이 부족합니다. 무슨 일이 있을 때 딸바보 아빠는 얼른 나서서 '아빠가 해줄게' 하기 때문입니다. 아이가 여러 시도를 하며 실수할 기회를 주지 않은 아빠는 아이가 겪을 다양한 경험의 기회를 빼앗아버리는 것입니다.

또래와의 관계에서도 갈등을 겪을 수 있습니다. 이 시기 아이들은 자신밖에 모르는 인지발달단계에 있기 때문에 '타인의 감정을 이해'하는 교육 프로그램이 유아교육에서 많이 다뤄집니다. 이를 통해 아이들은 차츰 나와 타인의 감정을 이해하고 양보와 배려를 익히죠.

그래서 요즘처럼 자녀가 한둘밖에 없는 가정이 많은 시대에는 아이를 유아교육기관에 보내 내 아이가 또래와의 사회생활을 성공적으로

하며 나아가 원만하고 고른 인격을 배우기를 바랍니다. 그런데 가정에서 계속 '너만 최고다'라고 부추기고 '네 감정대로 해도 좋다'고 가르치면 어떻게 친구들과의 관계를 즐겁게 만들어갈 수 있을까요.

귀하게 키운 것이 내 아이를 힘들게 할 수 있습니다. 아빠의 마음은 바라보고 또 바라보아도 마냥 사랑스런 딸바보 사랑이었으나 내 딸아이가 정작 바보가 될 수 있습니다.

아빠에게 예쁜 딸, 세상에서 필요한 딸

사랑을 받아본 사람이 사랑을 잘할 수 있다는 말에 동감합니다. 그리고 모든 아이는 사랑을 받을 권리가 있습니다. 그러나 아빠의 사랑은 현명해야 합니다. 귀한 아이가 밖에서도 자신이 받은 사랑만큼 남을 사랑하고 사랑받는 현명한 딸로 키우려면 절제하는 딸바보 아빠가 되어야 합니다.

아이가 감정을 조절하고 참을 줄도 알며 하기 싫은 것도 필요할 때는 해야 한다는 것을 알려주는 아빠가 되기를 바랍니다.

아빠에게만 사랑받는 아이가 아니라 밖에서도 귀하게 대접받고 사랑받는 딸로 키우는 아빠가 되려면 지나친 허용 대신 절제와 바람직한 인성을 가르쳐주세요. 아빠에게만 예쁜 딸이어서는 안 됩니다. 세상에서 필요한 딸, 세상이 원하는 딸로 키워야 합니다. 당당하게, 멋지게 인생을 사는 딸의 미래를 위해 지금 아빠의 품에 안긴 딸을 다시 점검하기 바랍니다. 딸에게 바보 같은 아빠가 아니라 또한 딸을 바보로 만드는 아빠가 아니라, 가정과 세상에서 필요한 딸로 키우는 흐뭇하고 행복한 딸바보 아빠가 되길 바랍니다.

아빠와 딸, 0~10세까지

'눈에 넣어도 안 아프다'는 말이 있다. 딸이 태어나는 순간 아빠에게 딸은 '눈에 넣어도 안 아픈 딸'이며 숙명적으로 딸바보 아빠가 될 수밖에 없다. 그러나 넘치는 이 사랑을 절제했을 때만 딸을 잘 키울 수 있다.

- **0~1세**
  이 시기는 무조건 사랑하는 시기이다. 기저귀가 젖으면 바로 갈아주고 배고프다고 울면 바로 먹여주어야 하는 등 최대한 아이에게 맞추어야 한다. 이때는 사랑이 넘쳐도 좋은 시기로 특히 아빠는 아이 목욕을 시켜주어 스킨십을 많이 하자.
- **1~3세**
  한마디 말을 하는 시기에서 언어의 폭발기라 불릴 만큼 말이 느는 때이므로 경어를 사용해주고 아이가 묻는 말에 정성을 가지고 답하라. 이 시기부터는 친절과 절제, 칭찬과 훈육이 함께해야 한다.
- **3세~유아기**
  아이에게도 경어를 사용하게 한다. 딸아이는 삐치기 쉽다고 무조건 비위를 맞추지 마라. 언어적인 격려와 칭찬을 많이 하되 단순히 비위 맞추기가 되어서는 안 된다. 하지 말아야 할 것에 대해서는 엄격하게 가르쳐야 한다.
- **초등 저학년기**
  적극적인 대화가 필요한 시기이다. 아이의 사회생활(학교생활과 친구)에 관심을 가져라. 아빠의 사회생활 이야기를 들려주며 아빠가 어려움을 극복한 사례를 통해 딸에게 좀 더 넓은 세상을 보여주자.

모 방송국 PD를 만난 적이 있습니다. 부모교육에 관한 이야기를 나누던 중 그분이 제게 들려준 이야기를 정리해봅니다.

프로그램 녹화를 마친 후 협찬 받은 선물을 방청객에게 주는 시간, 20여 개의 선물을 어떻게 나누어 줄까 방청객과 협의한 후 대다수의 의견에 따라 문제를 내고 맞힌 아이들에게 주기로 결정했습니다. 즐겁게 문제를 내고, 맞힌 아이는 기뻐하며 선물을 받고, 그렇게 마무리가 되었습니다.

방청객이 자리를 떠나고 이제 진행자들이 뒷정리를 하고 있었습니다.

"여기, 책임자가 누구예요?"

초등학생 아이 손을 쥔 엄마가 화가 난 얼굴로 거기 서 있었습니다.

"도대체 선물 하나로 아이들을 이렇게 상처 줘도 되는 건가요? 아이들 숫자만큼 선물을 준비하든지, 모자라면 주지 말든지 해야 하는 거 아니에요? 못 받은 애들이 얼마나 상처받았겠어요?"

"방청객의 의견을 물어 결정된 대로 공정하게 나누어준 것입니다만……."

"그렇다고 애들이 입은 상처가 안 입은 걸로 되나요? 어른이라면 이 정도의 상처야 얼마든지 극복하지만 애들은 다르잖아요. 어렸을 때 상처는 평생 트라우마로 남는 거 모르세요?"

엄마는 한 손으로 아이를 가리키며 아이의 '상처 입음'을 큰 소리로 항변했습니다. 아이가 불편한 표정으로 엄마를 바라보고 있는데 엄마는 상처라는 말을 반복하면서 따지고 있었습니다.

"죄송합니다. 다음에는 꼭 참고하겠습니다. 죄송합니다."

"가자. 그러니까 니가 문제를 맞혔으면 됐잖아. 얼른 가. 엄마 바빠."

바쁜 엄마가 PD에게 사과를 받아내더니, 이제 아이를 윽박지르고 끌다시피 데리고 갑니다. 아이는 고개를 돌려 PD 아저씨를 쳐다봅니다. 아이 얼굴이 불편해 보였던 것, 엄마는 알고 있었을까요?

03
아이에게 상처를 가르치는 부모

부모가 남용하는 말, '상처'

아이가 선물 받고 싶어 하는 건 당연합니다. 문제를 못 맞혀서 선물을 못 받았어도 아이 입장에서는 여전히 아쉽습니다. 때로 연령이 낮은 아이는 이것에 대해 불만을 표시하고 엄마를 조르거나 떼를 부릴 수 있습니다.

"엄마, 나도 선물 받고 싶어. 나도 똑같은 걸로 사줘."

설령 그렇다 하더라도 이럴 때 부모가 아이의 마음을 헤아린다며 책임자를 찾아 문책 수준으로 따지는 것이 최선인지 궁금해집니다.

'상처'란 무엇일까요? 이 에피소드를 듣자, 저는 우리가 참으로 빈번하게 '상처'라는 단어를 남용하고 있다는 생각이 들었습니다. 치료 혹은 트라우마라는 용어도 종종 사용합니다.

과연 아이에게 무엇이 상처였을까요? 단지 상품이 받고 싶었을 뿐인 아이에게 부모가 상처를 가르쳐준 것은 아닐까요? 낯선 사람 앞에서 엄마가 큰 소리 치는 모습을 보며, 아이가 그때 비로소 상처를 받은 건 아닐까요. 만약 상처를 받았다면 선물 때문일까요, 아니면 그 후 벌어진 상황이 문제였을까요?

사탕을 사달라는 아이가 있습니다. 부모 생각에는 아이가 지금 사탕을 먹는 것이 바람직하지 않다고 판단하여 사주지 않았습니다. 아이가 울면서 조릅니다. 심지어 바닥에 뒹굴며 떼를 씁니다. 이럴 때 혹시 부모님, 아이가 '상처받을까' 두려워 사탕을 사주는지요?

누구나 자신이 원하는 대로 하고 싶습니다. 누구나 갖고 싶은 것을 손에 넣고 싶어 합니다. 그러나 설령 자신이 원하는 대로 되지 않았다고 해서 상처를 입거나, 트라우마로 남는 것은 아닙니다.

무엇이 '상처'인가?

신나는 운동회를 하고 있는 10월의 어느 날, 6세 반 유아들이 달리기를 합니다. 호루라기 소리가 나면 네 명씩 고만고만한 귀여운 녀석들이 씩씩 숨을 몰아쉬며 달리기를 하고, 잘 달렸다고 선물도 받았습니다. 신이 난 아이들은 저마다 부모님에게 손등에 찍힌 '잘했어요' 도장을 보여주고 선물을 높이 올리며 자랑스레 달려갑니다.

잠시 후 어린아이를 안은 아빠 한 분이 6세 반 담임선생님 앞으로 왔습니다.

"선생님, 얘도 한 번 뛰게 해주세요. 준호 동생인데, 얘가 지 형 공책 자꾸 달라고 떼를 쓰네요. 그래서 준호가 양보해 공책을 줬는데, 그게 아니라 자기도 달리기 해서 도장이랑 공책 받고 싶대요. 하도 떼를 써서."

"아, 예에. 그런데 이미 다른 게임이 진행되고 있어서요."

"아는데요, 얘가 떼를 쓰기 시작하면 아무도 못 달래서요. 아이가 상

처를 받으면 그렇잖아요."

결국 원장 선생님과 진행자 한 명, 담임선생님, 그리고 네 살 준성이와 아빠, 이렇게 다섯 명이 대운동장 옆의 빈 공간에서 달리기를 했고 준성이의 손등에 '잘했어요' 도장과 선물을 들려주었습니다.

이 이야기는 유치원 교사교육을 할 때 현장의 선생님으로부터 들었습니다. 저는 또 한 번 '상처'라는 말의 쓰임에 대해 생각하게 되었습니다. 형의 운동회에 참석한 네 살 준성이가 달리기 해서 도장과 공책을 받고 싶어 한다고 한창 진행 중인 프로그램을 중단하고 아들을 위한 단독 운동회를 원했던 준호, 준성이 아빠. 아빠의 말을 듣고 난감해진 선생님이 오히려 덜컥, 상처를 입지는 않았을까요?

그 운동회에 참여하고 있는 다른 아이와 학부모, 진행자는 고려하지 못할 만큼, 아들이 원하는 일이라면 뭐든 들어줘야 상처받지 않는다는 아빠의 생각은 진지하게 되짚어보아야 합니다. 어리지만 충분히 알아들을 수 있고, 또 알아듣게 설득해야 합니다. 안 되는 일은 안 된다고 말할 수 있는 분이 아빠여야 합니다. 그건 상처 주는 일이 아닙니다. '안 되는 일을 되게 하는 것'은 자신과의 약속에서나 발휘되는 힘이지, 다른 사람을 희생시키면서 되게 하면 안 되기 때문입니다.

인생의 고통과 슬픔을 미리 알려주지 마라

아이가 아플 때 '아프다가 죽을 수도 있어'라고 가르치는 부모가 있을까요? 즐겁고 행복하게 뛰어노는 아이에게 '이렇게 즐겁고 행복하고 기쁠 때도 있지만 살다 보면 슬플 때도 있다'고 희로애락을 굳이 알려줄 필요가 있을까요?

아이들에게는 그들의 세계가 있습니다. 콩쥐는 반드시 복을 받아야 하며, 잠자는 숲속의 공주는 영원히 잠을 자는 것이 아니라 멋진 왕자님이 키스를 하면 깨어나야 합니다. 그리고 이들은 영원히 행복해야 합니다. 아이들은 이런 행복 이야기 속에 살고 있고 또 그런 세상을 인정하고 지켜줄 때 세상을 긍정적으로 경험하며 행복하게 성장합니다.

아이들에게 맞는 동화가 있듯 아이들에게 보여주어야 할 세상, 들려주어야 할 '적합한' 말이 있습니다. 상처란 그 단어 자체가 이미 상처를 낼 준비가 되어 있는 이미지를 가졌기에 아이들 앞에서 되도록 남용하지 않았으면 좋겠습니다.

부모가 빈번하게 아이 앞에서 상처라는 말을 사용하는 순간, 우리 아이가 상처라는 용어를 배우며 상처를 입을 수도 있다고 말하는 건 좀 지나친 이야기일까요? 그렇지 않아도 작은 아픔도 크게 느끼는 아이들, 좌절과 고통을 극복할 힘을 길러야 하는 이유를 모르고 자란 우리 자녀들은 주지도 않은 상처를 받았다고 남 탓하며 살기 쉬운데 "넌 지금 상처받은 거야.", "이게 바로 상처야." 하며 굳이 미리 가르치지 않았으면 좋겠습니다. 회피하자는 것이 아닙니다. 미리 고통과 슬픔을 예습시킬 필요가 없다는 것입니다. 예습에도 아이의 수준이 있습니다. 대신 아이의 안타까워하는 마음을 이해하는 말을 사용하면 어떨까요?

"받고 싶었는데 못 받아서 아쉽겠구나. 하지만 이건 약속이니 어쩔 수 없단다."

"엄마 맘도 네 맘과 똑같아. 하지만 모두의 약속대로 진행된 거니까 결과를 받아들여야 한단다."

"우리 모두가 동의한 약속이니 선물 받은 아이들을 축하해주는 게 좋겠는데, 네 생각은 어떠니?"

만약 문제를 맞혔는데도 방송국에서 선물을 안 주었다면 충분히 따질 만한 일이지요. 그러나 그 또한 아이가 '상처 입을 만한 일'은 아닙니다.

아이의 상처를 두려워하는 부모, 아이에게 상처 주는 부모

만약 부모가 상처라는 말이 그렇게 심각한 용어는 아니라고 생각한다면 진정으로 상처를 주는 대상이 세상의 다른 사람인지, 혹 부모님은 아닌지 아이들에게 용기 내어 물어보기 바랍니다.

어느 고등학생은 부모에게 가장 많은 상처를 받는다고 말합니다.

"있죠, 친구들끼리 얘기해보면 세상에서 상처를 가장 많이 주는 일 순위가 누군지 아세요? 바로 부모님이에요. 그다음이 친구예요. 근데요, 이 두 그룹은 자기들이 상처를 준다는 생각을 안 해요. 절대로!"

부모가 세상을 향해 삿대질하며 우리 아이를 보호하고자 사용했던 상처라는 말이 이렇게 부모에게 다시 돌아오기도 합니다.

마음의 상처는 치유 시간이 오래 걸립니다. 상처 주는 사람도 없고, 상처받는 사람도 없다면 정말 좋겠지만 이 또한 뜻대로 안 된다면 우리 부모들만큼은 자녀 앞에서 '상처'라는 말을 너무 쉽게 사용하지 않았으면 좋겠습니다.

데일 카네기(Dale Carnegie)는 사전에서 '불가능'이라는 말도 지웠다는데, 우리 현명한 부모들이 내 아이를 위해 부모 용어사전에서 '상처'라는 말을 지우면 어떨까요. 그 빈칸에는 우리 아이에게 줄 긍정의 단어가 채워졌으면 좋겠습니다.

그러나 '상처'라는 단어는 분명 존재한다

어떤 이는 '대나무의 마디'를 상처라고 한다. 또한 고목의 썩은 부분도 상처다. '상처'라는 말은 분명 존재한다. 그러나 상처를 비 온 후의 땅이 굳어지는 경험으로 삼을 수도, '트라우마'의 저장고에 가둬 스스로를 생채기 내며 상대를 원망하는 기제로 사용할 수도 있다. 상처는 '입어서 다치고, 끝내 자신을 파괴시키는' 고목의 썩은 부분이 되어서는 안 된다. '대나무의 마디' 같은 상처, 성장을 위한 디딤돌로 사용되어야 한다.

세상을 당당히 살다가도 때로 상처 입을 수 있음을 경험한 부모가 아닌가. '상처'를 '트라우마'와 동의어로 사용하지 말자. 우리 자녀에게 '상처도 성장'이 될 수 있음을 보여주는 예로 그 말을 사용해야 한다.

10월 12일 오후 1:12   철모가 다르던데 무슨 이유가 있나요? 찾는 데 시간이 걸렸어요.

10월 12일 오후 1:13   오늘 날씨가 갑자기 추워졌는데 우리 민석인 더운 나라에서 살다 온 아이라 감기가 무척 걱정스럽습니다. 혹여 군에서 독감 예방접종도 해주는지 궁금합니다.

10월 12일 오후 1:14   오늘 아이들 수류탄 던지기 훈련은 모두 잘했는지 궁금하군요?!!*병규mom^^

10월 12일 오후 1:15   소대장님, 정성호 철모 쓴 모습 넘 멋져요. 근데 다른 전우들과 달리 모자에 노란 딱지가 있던데 그건 무슨 표시인지요?

10월 12일 오후 1:19   소대장님, 이자람 훈련병 형입니다. 동생한테 넌 나라를 지키고 난 니 물건을 지키고 있겠노라고 전해주시면 안 될까요.ㅠㅠ

10월 12일 오후 1:21   소대장님, 안녕하세요. 문정우 엄마예요. 정우는 훈련소 생활 적응 잘하고 있는지요? 정우 잘 부탁드립니다. 수고하세요.(bb)

10월 12일 오후 1:22   소대장님! 오늘도 여전히 수고가 많으시네요~^^. 그런데 우리 진서는 종교 활동을 했는지 궁금하네요~^^.

10월 12일 오후 1:24   소대장님, 우힘찬에게도 잘하라고 전해주세요.

10월 12일 오후 1:25   소대장님~ 부탁이 있네요. 저 정성호 엄만데요. 성호랑 순대 먹으며 〈나는 가수다〉 보는 게 큰 기쁨이었거든요^^. 조장혁 새 가수로 들어왔고, 비록 하위권 됐지만요. 글구 국카스텐이 1등 했다고 전해주심 안 될까요? 감사합니다.

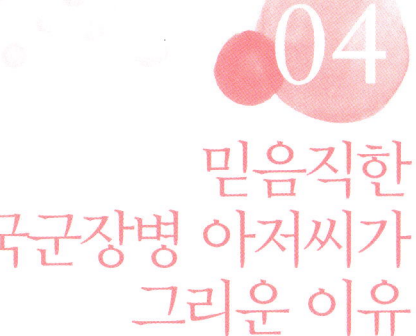

04
믿음직한 국군장병 아저씨가 그리운 이유

아, 대한민국 군인 아저씨들

가을이 무르익어가는, 하늘도 푸르고, 나뭇잎들은 바야흐로 '초록에 지쳐 단풍 드는' 10월입니다. 둘째아들이 입대를 해서인지 가을이 더 스산하다고 하는 동료 교수님과 점심식사를 함께했습니다.

'카톡!'

소리도 명쾌하게 카톡이 왔음이 전해집니다.

"이건……."

교수님이 카톡을 읽습니다.

"소대장님, 안녕하세요. 문정우 엄마예요. 정우는 훈련소 생활 적응 잘하고 있는지요? 정우 잘 부탁드립니다."

'소대장님'이란 단어에 제 귀가 번쩍합니다.

"어머, 군대랑 카톡이 돼요, 교수님?"

"응, 요새는 그러나봐요. 큰애 때는 안 그랬는데 몇 년 새에 변했네요. 처음에는 적응 안 되더니 나도 보내게 되던데요."

"국가기밀 아니에요?"

교수님은 손사래를 치며 한참 웃습니다.

"아니, 무슨 국가기밀……. 그냥 훈련병 엄마들과 일종의 소통방법이에요."

"그치만 군대잖아요."

"그렇긴 하죠."

"그럼 어떤 내용이 오고 가는 거예요?"

제 호기심이 금방 사그러들지 않자 교수님은 내게 카톡을 보여줍니다.

"얘기 들으니까 좀 그렇긴 하네요. 근데 나도 아무렇지도 않아요. 그러고 보니까 처음에는 이상하기는 했었는데……. 이거 보면 진짜 재밌어요. 완전 애기들이에요, 엄마들한테는."

"교수님은 어떻게 보내셨어요?"

"뭐라고 보냈더라? 나 혼자 안 보내면 좀 이상할까봐 보내긴 했는데……."

저는 그 교수님의 휴대폰에 매달리다시피 하며 내용을 봅니다.

10월 12일 오후 1:30 107번 이진권 엄마임다. 어제 바셀린과 샴푸, 챕스틱을 소포로 부쳤으며 오늘 송달되었다는 문자를 받았슴다. 피부가 많이 건조해지는 듯합니다. 전달 부탁드립니다.

10월 12일 오후 1:41(소대장님) 예, 샴푸는 정확히 전달하도록 하겠습니다. 이후부터는 보내시기 전에 알려주시길 부탁드리겠습니다.

문화적 충격이라고나 할까요? 저는 재미도 있었지만 동시에 너무 놀라 '어머어머'를 반복합니다.

"어머, 이거 진짜 소대장님과 훈련병 부모님들의 대화예요? 요즘 군대 그래요?"

"응, 이건 그래도 덜한 건데……. 어떤 건 완전히 애기 취급한 내용도 있어요."

 관심, 사랑, 이 소중한 단어 앞에서 주눅 드는 이유

엄마가 아들 사랑하는 데 무슨 이의가 있겠습니까. 아들 군대 안 보냈으면 말할 자격도 없고, 군대 안 간 여자가 무얼 안다고 '요즘 군대' 운운하는 건지 하면 움츠러들지만, 그래도 군대 아무나 가고 아무나 보내나요. 신체 건강한 청년, 그렇게 잘 키운 아들이 가는 곳이 군대 아닌가요.

그래서 조금 밝고 즐겁게 이야기를 하려 합니다. 좀 더 정확히 말하면 군대 얘기가 아니라 우리 엄마와 아들들의 얘기 말이지요.

"교수님, 어째요. 군인 아저씨가 아니라 애기들같이 사랑하네요. 죄송해요. 교수님은 전전긍긍 군대 간 아드님 걱정이실 텐데요."

"아니에요. 조금 지나치다는 생각도 들고. 부모들이 자식을 너무 아이 취급하는 것 같기도 하고요."

"교수님, 식사 후에 제게 이 카톡 보내주세요. 나중에 부모교육 자료로 활용하게요. 근데 혹시 이거 기밀 아니에요?"

교수님이 다시 큰 소리로 웃습니다.

"기밀은 무슨……. 아니에요, 그냥 단체 카톡방이에요. 공개적으로 얘기되는 곳. 그러니까 누구든 볼 수 있고 의견을 말할 수 있는데 무슨 기밀이고 비밀이겠어요. 보내줄게요."

그리고 각자 강의 시간이 다가와 헤어진 후 저는 앞의 메시지를 카톡으로 전달받았습니다. 글자마다 절절한 모성이 배어납니다. 지극한 사랑, 그 자체입니다.

저도 압니다. 부모의 자식 사랑은 분명 이 시대만의 이야기가 아니라는 것을. 이전 부모님도 그랬지요. '자식 사랑은 팔불출'이던 지난 시대에도 부모의 자식 사랑은 여전했습니다.

"아범, 밖에 나가나? 차조심하시게."

팔순 넘은 노모에게도 환갑 지난 아들이 걱정입니다. 그러면 머리 희끗한 아들은 이렇게 답했습니다.

"예, 어머님. 조심히 다녀오겠습니다."

그러니 지금의 4, 50대 부모님이 군대 가 있는 아들 걱정을 하는 건 너무도 당연합니다. 어떤 아들인데요. 게다가 하나 아니면 둘밖에 없는 금쪽같은 내 아들, 얼마나 애지중지 고이고이 기른 아들인데요. 저도 충분히 압니다.

그러나 군입대한 아들에게 보내는 이 사랑과 관심이 왠지 격에 맞지 않는다는 생각이 드는 건 왜일까요? 아들들도 알까요? 엄마의 사랑과 관심, 염려와 근심……. 그러면 우리의 아들들은 엄마를 걱정하느라 또 잠 못 드는 건 아닐까요? 우리가 탯줄을 끊지 않고 여전히 잡고 있는 이유로 이 건장한 군인들이 아기처럼 웅크리고 내무반에서 울고 있으면 어떡하나요.

아이들은 믿는 만큼 자라고, 믿어주는 대로 된다고 하잖아요. 아들한테 말해보세요.

"아들, 엄마가 너 걱정돼서 소대장님께 이러저러 카톡했어."

우리의 군인 아들이 '어머니, 감사합니다. 하지만 제 걱정 마시고 어머님 건강 돌보십시오' 했으면 좋겠습니다. 혹시 '아, 엄마도 참. 제가 애예요?' 하더라도 서운해하지는 마세요. 잘 컸다는 얘기니까요. '엄마, 최고야. 담에는 이러저러하게 부탁해주세요' 한다면 이건 좀 생각해볼 일입니다. 군대는 어린이가 아니라 '청년'이 가는 곳이니까요.

앞의 팔순 노모와 환갑의 아들의 경우에는 최소한 아들에 대한 존중과 부모에 대한 효심이 함께했습니다. 어려운 가운데 자신을 키우며 생존을 위해 노력했던, 그런 부모님 생각해서 밖에 나가서 부모 욕

안 먹이려고 노력하던 자식들이 있었습니다. 삐뚤어지고 싶어도, 딴 맘먹고 싶어도 '부모님을 생각해서라도 그러면 안 되지'라고 돌이키는 자식들이 있었습니다. 효를 몸소 보여준 부모님을 보고 자라 "네 부모가 누구냐?"라는 말을 듣지 않으려고 노력했습니다. 그때도 밖에서 개구지게 놀고 끊임없이 문제를 일으키며 요즘 아이들만큼이나 말썽피우며 자랐지만, 항상 맘속에는 '부모님'이 중심에 있어 다시 바른길로 돌아오고는 했습니다.

그렇게 키워놓은 다음 걱정과 염려를 해야 합니다. 그렇지 않고 아이 취급만 하면 아이는 '어른애'가 됩니다. 힘들 때 '엄마!'를 부르는 건 당연하지만, 군에 입대한 아들의 입에서는 '어머니!'가 나왔으면 좋겠습니다. 어감에서도 찾을 수 있는 그 차이는 성장한 아들을 더 이상 '아가!'라고 부르지 않는 것과도 같습니다.

입대한 아들이 '어머니!'라고 부를 수 있도록 감성의 거리를 조금만 더 두면 어떨까요. 우리의 멋진 청년, 아들은 지금 청춘의 한가운데서 가장 치열한 시기를 보내야 합니다. 그래서 어느 때보다 강인하고 씩씩해야 합니다.

다시 쓰고 싶은 편지, 용감한 국군장병 아저씨께

용감한 국군장병 아저씨께!

아저씨, 추위에 얼마나 고생이 많으십니까? 저는 국군 아저씨 덕분에 열심히 공부하고 우리 가족 모두 편안하게 생활을 하고 있습니다. 나라를 지켜주시는 용감한 국군장병 아저씨 덕분에 밤에 잠도 잘 자고, 안심하고 공부도 잘하고 열심히 뛰어놀고 있습니다.

방바닥에 엎드려 국군장병 아저씨께 편지를 썼던 시절이 생각납니다. 그때는 진짜 열 살밖에 차이가 안 나는 스무 살 군인 아저씨들 덕분에 이 나라가 지켜지고 우리가 열심히 공부할 수 있는 것이라 믿어 의심치 않았습니다. 또박또박 연필로 편지를 쓰며 썼다 지우고, 지웠다 쓰기를 반복하며 정성들여 그 감사함을 표현했습니다.

지금도 여전히 우리는 청춘의 그 고결하고 소중한 시간을 바쳐 나라를 지키는, 국방의 의무를 다해주는 군인들 덕분에 이렇게 안심하고 서로의 직분을 다하며 살고 있습니다. 위문편지를 쓰던 그 겨울날을 떠올리며 감사함을 담아 정성들여 이 글을 씁니다. 그 시절에는 군인 아저씨들에게 고마워하며 썼다면 이제 군인 아저씨의 어머니들께로 대상이 달라졌군요.

잘 키워서 군대에 보낸 우리 아들들의 어머니, 감사합니다. 덕분에 우리 대한민국이 이토록 든든합니다. 고맙습니다. 우리 아들들이 청춘의 한가운데 시간을 바쳤으니 더 많은 것을 수확해서 어머니의 품으로 돌아올 것입니다.

잠시 그 기간을 독립적으로 인정해주면 어떨까요. 우리의 국군 아저씨들이 용감할 수 있는 시간을 주면 어떨까요? 군대에 있는 동안이

야말로 아들의 인생에서 가장 용감할 수 있는 때라고 믿고 건강하게, 당당하게 지내고 올 수 있도록 신뢰를 보여주세요.

 입대를 앞두고 느끼는 불안과 막막함. 그 두려운 맘은 이해해주지만, 잘 치르고 돌아오도록 속으로 응원하는 것도 자녀를 진정 사랑하는 방법이라고 생각합니다. 대한민국의 아들로 태어났기에 치러야만 하는 그 쉽지 않은 시간. 분단 조국 대한민국에 태어났기에 피할 수 없는 운명으로 받아들여야 할 의무. 그 의무를 지고 있는 사람이 우리 아들이니 오죽하겠습니까?

그러나 걸음마 걷는 아이가 넘어질까봐 못 걷게 하며 안고 다닐 수만은 없듯이, 공부하는 게 안쓰러워 대신 시험봐줄 수 없듯이, 인생 어려운 것 뻔히 알기에 아이를 유아기에만 붙잡아둘 수 없듯이……, 우리의 아들들이 인생에서 가장 두렵지만 용감히 통과해야 할 관문을 지나고 있다면 잠시 손을 놔주세요.

군생활은 가장 낯설고 적응하기 쉽지 않은 또 다른 사회생활일 것입니다. 이 시기를 잘 지내야 훗날 우리 아들에게 그 어떤 지위나 역할이 주어지더라도 '국방의 의무'를 잘 수행했기에 취득한 '자격 있음'의 당당함으로 어떤 자리에든 나설 수 있을 것입니다.

이렇게 말하면 어떨까요?

"우리 아들, 잘 컸네. 고맙다. 군대에도 가니……."

엄마의 마음은 아들에게 전달됩니다. 탯줄로 연결된 사이였으니까요. 안심하고, 어깨 툭 치며 말씀하세요.

"아들, 널 믿어."

우리 아들들, 믿고 안심할 만큼 잘 키우지 않았습니까? 노심초사의 걱정보다는 신뢰를 전하는 것이 우리 군인 아들들이 진정 원하는 사랑일 것입니다.

두려워 마라, 너는 자랑스런 대한의 아들이다

카톡을 보고 두 달여 후, 아들을 군에 보낸 어느 아빠의 편지가 신문에 실렸습니다(12월 7일 금요일).

    그 옛날, 아빠 군에 가던 날 훈련소 앞 장면이 떠오른다. 억지로 웃으며 손을 흔들곤 바로 돌아서서 뛰었다. 강해지러 가는 군대인데 왜 눈물이 나던지. 할아버지할머니는 아빠의 눈물을 보지 못했다. 아니, 등으로 흐르는 눈물을 보셨는지도 모르지.

    훈련소 주차장에 차를 세우고 너와 함께 연병장으로 가는 길, 엄마는 차에서 내리자마자 눈물바람이었다. 울긴 왜 우느냐고 핀잔을 놓았지. 아들아, 훈련 무사히 받아서 진정 고맙다. 이제 본격적인 군생활이 시작되는구나. 힘들수록 긍정의 눈으로 현실을 받아들이도록 해라. 군대 가서 적당히 하라던 아빠의 말, 취소한다. 교육과 훈련에 정성을 다하거라. 네가 쏟은 땀방울이 너를 배신하는 일은 없을 거다. 생각하기에 따라 군대는 2년간 젊음을 썩히는 곳이 될 수도, 미래를 열어가는 마당이 될 수도 있단다. 20여 년 네 삶을 돌아보다 보면 앞으로 나아갈 길도 보일 것이다. 다음에 만날 때까지 너는 너의 자리에서 아빠는 아빠의 자리에서 값진 시간을 보내자.

    가슴 뭉클하게 감사합니다. 큰 세계를 보여주는 세상의 창, 아빠의 이 편지가 우리의 청년들에게 힘을 줄 것입니다.
    이렇게 훌륭하게 키워주어서 감사합니다. 나라를 지키는 국군장병 아저씨들 덕분에 우리가 지금 행복합니다. 고맙습니다.

일곱 살의 군대 이야기 '엄마, 누나를 지킬 수 있어'

11월 생일을 맞은 상현이에게 축하한다는 말과 함께 꿈을 물어보았습니다.

선생님 상현이 이다음에 커서 무엇이 되고 싶어요?

상현 음~ 군인이요.

이 말을 듣고 있던 용석,

용석 근데 왜 남자만 군대 가요?

상현 여자도 가. 근데 남자는 꼭 가야 돼.

용석 아냐. 남자 중에 안 가는 사람도 있어. 하지만 난 갈 거야.

용석이의 말도 의미심장합니다.

선생님 용석이 말처럼 안 가는 남자도 있는데 아프거나 몸이 불편해서 그래요.

상현 그리고 남자는 힘이 세니까 꼭 가야 해. 그래야 엄마, 누나를 지킬 수 있어.

61세의 아버지가 쓰러진 지 두 달 만에 세상을 떠났습니다. 60세의 엄마 홀로 남았습니다. 엄마는 세상을 잘 모르는 분입니다. 일찍 남편 만나 결혼하여 그야말로 남편의 그늘과 보호 아래 아이 낳아 키우며 내조를 한 현모양처입니다.

삼우제 날 온 가족이 모였습니다.

손주들은 아파트 놀이터로 놀러 나가고, 엄마와 아들 둘과 며느리 둘, 모두 다섯 명이 거실에 앉았습니다. 이런저런 얘기를 나누고 이제 각자의 집으로 가려는 분위기였는데, 일어서던 큰아들 내외가 다시 자리에 앉습니다.

"엄마, 우리가 따로 얘기하면 오히려 오해가 생길 수 있으니까 얘들(동생 내외) 있을 때 말하는 게 나을 거 같아서……."

큰아들이 멈칫거리자 큰며느리는 남편을 봅니다. '빨리 말해' 하는 듯한 시선입니다.

"지석이네(동생 이름)는 아빠 회사 받았으니까 이 집은 우리 명의로 하는 게 맞는 거 아닌가 해서요."

설왕설래, 얘기가 만만치 않게 오가더니 잠시 침묵이 흐른 후 60세, 아직도 곱디 고운, 앞으로 몇 십 년을 더 살아야 할 엄마는 이렇게 말했습니다.

"그래, 알았어. 니 명의로 해. 대신…… 엄마, 이 집에서만 살게 해줘."

05
이 시대 부모들의 '아낌없이 주는 나무'

남 이야기, 그리고 내 이야기

11월 20일, 수요일, 오후, 늦가을 바람에 가랑잎이 흩날리고 나무에 매달린 나뭇잎도 우수수 떨어지던 날, 저는 이 얘기를 들었습니다. 우울증에 걸린 어느 분의 만동서 이야기였습니다.

"오늘 저녁에 드디어 형님하고 만나기로 했어요. 두 달 동안 제 전화도 간신히 받더니, 이제 조금 안정이 되었나봐요."

가을날 낙엽 같은 쓸쓸한 이야기 한 편이 카페 안을 가득 채웠던 날을 기억합니다.

"지석이네는 아빠 회사 받았으니까 이 집은 우리 명의로 하는 게 맞는 거 아닌가 해서요."

이 이야기가 나오자 일어서려던 작은아들 내외도 다시 앉더랍니다. 그리고 기다렸다는 듯 하는 말.

"아니, 형. 그럼 엄마는 어디서 살아? 이거 달랑 집 한 챈데 엄마 드려야지."

"야, 너는 아빠 회사 가졌잖아. 그러니까 그렇게 말하는 거 아냐?"

"형, 내가 회사 대표이사 자리 그냥 가진 거 아니잖아. 십 년 전부터 거기 다녔고, 아빠랑 같이 키운 거거든."

"삼촌, 그렇게 말씀하심 안 되죠. 솔직히 재산으로 말하면 회사가 훨씬 커요. 이 아파트야 잘해봤자 5억도 안 되잖아요. 그리고 법으로야 어쨌든 아직은 정서적으로 맏이는 맏이잖아요. 그런 면에서 형님이 훨씬 불리한 거예요. 삼촌이 물려받은 재산하고는 진짜 비교도 안 되는 거 동서도 알지?"

이 말을 들은 동서가 가만히 있을 리 없었겠지요.

"형님, 솔직히 아주버님은 원하는 대기업에 취직해서 월급 많이 받아 잘사시잖아요. 우리 이이는요, 아버님 회사에 들어가서 거의 공장 노동자처럼 일해요. 언제 양복 한 번 제대로 입은 적이 없어요. 그렇게 해서 아버님이랑 같이 회사 키운 거니까 엄밀히 말하면 이이 회사나 마찬가지예요."

"동서, 말은 똑바로 하자. 솔직히 삼촌이 대기업 취직됐어도 아버님 회사 들어갔을까? 아니잖아. 삼촌이 회사를 키웠다고 생각하는지 몰라도 아버님 회사 덕분에 월급 받고 애 키우고 한 거 아냐?"

"어머, 형님. 어떻게 말씀을 그렇게 하세요? 그럼 아주버님이 이 회사 물려받으면 제대로 운영하실 수 있어요? 자동적으로 그렇게 된 거죠. 그걸 핑계로 어떻게 어머님 아파트를 달라고 하세요? 어머님은 뭐 먹고사시라구요? 이거 모기지라도 해야 사시죠."

"어머어머, 동서. 그럼 삼촌네가 어머님 생활비 안 드리려고 했어? 멀쩡하게 회사 물려받고 그냥 있으면 돼? 솔직히 그 회사, 어머님이 가지셔도 우린 할 말 없어."

'솔직히'의 향연이 계속 펼쳐진 그날, 그래도 결론은 나야 했습니다. 그 결론도 가련한 60세, 이제 남편도 떠나 홀로 된, 아직도 살날이 한참 남은 엄마가 내야 했습니다.

"그래, 알았어. 니 명의로 해. 대신…… 엄마, 이 집에서만 살게 해줘."

그러자 둘째아들 내외가 눈짓을 하더니 동시에 일어나더래요.

"몰라요, 저희는. 엄마 맘대로 결정하셨으니까 이제부터 엄마가 알아서 하세요."

그것으로 끝이 아니었습니다. 60세의 엄마를 세상과 단절하게 만들었던 우울증은 그로부터 며칠 후에 생겼습니다.

삼우제도 지내고 이런저런 정산을 하고 나니 엄마 수중에는 얼마 안 되는 돈만이 남았답니다. 그러나 엄마는 아들들에게 의논조차 할 수 없었고, 이를 지켜본 시동생(이야기를 들려준 분의 남편)이 조카들을 만나 이야기를 했다지요.

"엄마 생활비를 드려야 할 것 같은데, 니들 의논은 해봤니?"

"삼촌, 저희 엄마 아직 돈 있어요."

재산 문제로는 이견을 좁히지 않고 서로의 감정을 건드리던 '형제'가 '엄마가 돈이 있음'에는 동시에 마음을 합쳤다는군요.

"근데요, 조카들이 진짜 착하거든요. 공부 잘해서 부모 속 썩인 적 없고, 취직도 잘하고, 결혼도 제때 해서 그 집은 자식 키우는 데 큰 폭풍이 없었어요."

그렇군요, 그게 착한 것이군요. 저는 '착함'에 대한 반박을 하려 했으나 그분의 말이 이어졌습니다.

"근데 문제가 있긴 해요. 애들이 받아만 봐서 부모한테 주는 게 뭔지 몰라요. 아버지 병원비도 한푼 안 내놨대요. 하기야 취직해서도 부모한테 용돈만 안 받아썼지 엄마아빠 용돈 한 번 안 줬다고는 들었네. 그러니까 부모한테 받기만 해봐서 내놓을 줄은 모르는 거예요. 걔들이 나빠서가 아니라 뭘 몰라서 그러는 거라니까요. 손주들도 그렇대요. 장난감도 할아버지할머니가 사주는 걸로 알고 있대요. 장난으로 '니 엄마아빠한테 사달라고 하지 왜 할아버지한테 사달라고 하느냐'고 하니까 손주들이 그랬대요. '우리 아빠 돈 없어. 카드만 있어. 할아버지할머니가 돈 있잖아' 그 말 듣고 귀여워서 웃었는데 생각해보니 아들이나 손주나 할아버지할머니가 해주는 걸로만 아는 거예요."

뒤죽박죽입니다. 저도 뭐가 뭔지 모르겠습니다만 그래도 정리를 해봐야 덜 혼란스러울 듯합니다.

전쟁과 가난을 겪은 '베이비부머' 세대 부모들은 고생이 뭔지를 압니다. 그들에게는 공통적으로 '나는 이렇게 고생했으니 내 자식만큼은 힘들지 말게 하자'라는 정서가 있습니다. 그래서 열심히 살며 애지중지 자녀를 키웠습니다. 자식이 잘 먹는 것만 봐도 배가 부른 대리만족을 느끼며 행복해했습니다. 자녀들에게 아낌없이 주었습니다. 《아낌없이 주는 나무》에 나오는 나무처럼요.

김광석의 노래 〈어느 60대 노부부 이야기〉에 나오는 노래를 듣고

격세지감을 느낍니다.

'세월은 흘러…… 인생은 그렇게 흘러 황혼에 기우는데……'

더 이상 60대가 황혼의 노부부도 노부모도 아닌 세상. 인간 수명이 연장되고 누구나 젊게 살고 싶어 하는 지금의 세태를 환영합니다만 부모와 자식의 관계에서는 홀로 된 60대 부모가 '노부모'로 비춰지는 것도 필요할 듯싶습니다. 그런데 이 시대 부모들은 외모로도 너무 젊고 자식의 눈에 경제력 또한 뛰어나 보이니 어쩌겠어요.

"육십이 되어도 '어머니' 대접도 못 받게 젊은 게 문제고 안 불쌍해 보이는 것도 큰일이야."

우리 중 누군가 농담 삼아 한 말에 모두 눈빛으로 동조했습니다. 어떻게 해야 자식들한테 '측은지심'을 느끼게 할까요? 측은지심이야말로 사람의 도리를 가능케 하는 첫단계가 아닐까요.

늙어서는 부모 대접 받자

영화, 《심플 라이프(A Simple Life)》를 본 것은 공교롭게 이 이야기를 들은 후 며칠 후였습니다. 홍콩 배우 유덕화가 영화감독 '로저' 역할을 하는데 나이가 들어서도 참 멋지다는 생각을 하며, 조금은 쓸쓸하면서도 잔잔한, 인간 심연에 대한 무언가를 느끼게 하는 이 영화를 감상했습니다.

4대에 걸쳐 60년 동안 한 집안의 충실하고 인간적인 시녀로 지내던

'아타오'와 그녀가 키운 주인댁 아들 '로저'의 이야기, 그리고 노인들의 모습……. 늙음과 병마와 가족애, 진정한 인간의 사랑이 제 정서를 마구 휘저었습니다.

요양병원의 또 다른 노인의 이야기도 마찬가지였습니다. 아들이 요양원 비용도 안 내고 찾아오지도 않나봅니다. 딸은 요양원의 엄마한테 말하지요.

"엄마, 엄마가 그렇게 애지중지 키웠던 아들한테 말해요. 왜 나한테 그래."

늙은 엄마는 마음을 읽을 수 없는 표정을 짓고 있습니다. 그러나 그렇게도 아끼며 키웠던 아들은 끝내 전화조차 연결이 안 됩니다. 그 영화에는 병든 딸을 면회 오는 늙은 엄마도 나옵니다. 엄마는 목숨이 다하는 날까지 딸을 보러 올 것이라는 확신이 들었습니다.

문득 생각했습니다. 부모와 자식의 관계는 무엇일까? 늙고 병든 부모는 자식에게 무엇일까?

로저의 가족은 미국으로 이민을 가서 살지만, 아타오가 중풍으로 쓰러져 요양병원에 입원을 하자 잊지 않고 문안을 오거나 전화로 사랑을 전합니다. 자신들이 아타오에게 받은 정성과 희생을 추억하며 고마워하지요. 월급을 받았으니 아타오가 그 가족에게 봉사했던 건 당연한 일이라고 여길 수도 있습니다. 그러나 바쁜 '로저'도 일주일에 한 번은 늙고 병든 '아타오'를 방문해 그녀와 시간을 보냅니다. 하녀가 늙고 병들었으면 일할 수 없고, 봉사를 받을 수 없으니 해고하면 그만입니다.

그러나 그 가족들은 잊지 않았습니다, 아타오가 해준 맛있는 음식, 그녀 덕분에 정갈했던 집, 업어 키운 그 수고로움.

이 영화가 쓸쓸하면서도 따뜻했던 이유였습니다. 정성, 사랑, 관심, 헌신, 늙음, 병듦, 그리고 죽음. 그럼에도 우리에게는 사람이 있다는 위안. 하녀가 해준 봉사를 잊지 못하는 것이 사람의 마음입니다. 그럼, 부모가 해준 것은요?

어떤 강력한 이기심 같은 것들이 우리 아이들의 축을 이루는 듯한 이 아슬아슬함. 최소한 부모와 자녀의 관계에는 어느 정도의 의무감이 기본으로 자리해야 합니다. 아이를 키울 때 부모가 아낌없이 주는 것이 당연하다면, 부모의 노후에 자녀가 관심을 갖는 것 또한 마찬가지입니다. 부모가 스스로 준비한 노후와 자녀의 부모에 대한 관심이 함께할 때 부모와 자녀 모두 행복합니다.

영화관을 나서며 한 말은 "아, 생각 참 많아지네요."였습니다. 11월 만추의 바람이 겨울 초입의 바람과 만나 옷깃을 여미게 하는 밤이었지요. 저는 마침 60대의 멋진 멘토와 함께 영화를 본 터였습니다.

"임 박사, 매일이 즐거워야 해. 나는 그런 면에서 행복한 늙은이야."

저는 '늙은이'라는 말이 이렇게 괜찮은 단어인 줄 처음 느꼈습니다. 늙었다는 것, 그건 훈장이 되어야 합니다. '늙은이'라는 단어 사용에 대해 논란이 있던 즈음이었습니다. 그러나 회피하면 안 될 단어, 늙음입니다.

'늙었다는 것, 나이 들었다는 것만으로도 대접을 받아야 할 날이 와

야 한다.'

청년들과 만나는 강의에서 꼭 이 말을 하리라. 저는 강의록에 메모를 해두었습니다. 그리고 그곳에 또 적었습니다.

'그 늙음의 측은지심에 나의 부모가 중심에 놓여야 한다.'

부모만 알지 말고 자식에게도 알려줘라

부모라는 이름은 거룩하기에 가련합니다. 거룩하기에 아무도 걱정해주지 않는 이름, 부모.

이 글을 쓰는 이 시간, 우리 엄마는 김장을 하고 있습니다. 어젯밤에 배추를 절여놓았다고 했으니 지금 한창 안마당 가득히 300포기 배추를 산처럼 쌓아놓고 동네 아낙들과 이런 얘기 저런 얘기 나누며 김장 소를 넣고 있겠지요. 엄마께 전화를 드렸습니다.

"엄마, 내년에는 김장하러 꼭 갈게요."

"웬일이냐, 해마다 엄마 힘들다고 김장하지 말라고 하더니."

"엄마가 내 말 듣나? 김장 안 하면 병날 걸요. 내년에는 갈게요, 꼭."

저는 우리 엄마를 압니다. 자식 줄 거 안 주면(이를테면 김장 같은 거) 그거 못 줘서 끝내 몸져누울 거라는 걸. 그런데 저는 왜 김장은 엄마와 동네 아주머니들이 하는 거라고 단정 지었을까요? 그리고 잘 담근 김치를 가서 실어오기만 하면 된다고 생각했을까요? 그건 고정관념이었습니다. 전화선을 타고 전해지는 너무도 좋아하는 엄마의 목소리.

"엄마는 그렇게 내가 가는 거 좋으면 진작 말해주지."

"뭘?"

"내가 김장하러 가면 좋다고."

"그걸 몰랐어? 엄마야 니가 오면 진짜 좋지. 같이 얘기도 하고 김장도 하고."

"그랬어요? 난 몰랐네. 엄마가 나 어렸을 때부터 '일 보면 일 배운다고 공부나 하라'고 했잖아."

그게 언제 적 이야기인데 이 나이에 엄마가 그 옛날 했던 말을 끄집어내어 미안함과 무안함을 합리화하려는 걸까요? 그래도 울 엄마 성실히 대답합니다.

"그거야, 니가 어리고 그때는 공부해야 하니까 그랬지. 엄마도 젊어서 힘도 좋았고."

"요즘도 말 안 했잖아요."

저는 엄마가 어떻게 대꾸하는지 궁금해 또 말을 건넵니다.

"아이구, 넌 항상 바쁘고 공부도 해야 하니까 그렇지. 근데 그걸 꼭 말해줘야 알어?"

아, 우리 엄마! 제가 한 방 크게 맞았습니다. 이 글을 쓰는 저조차도 참 철딱서니 없는 말을 했습니다. 저도 몰라서 못한 게 많을 것입니다.

부모님, 가르쳐주세요. 그래야 압니다.

학교 다닐 때는 '공부 잘해서 대학 가줬으면 됐지' 하는 게 효도인 줄 알고, 청년 실업으로 온 나라가 들썩일 때는 '취직해줬으면 됐지'가 부모를 위하는 것쯤으로 알고, 너도 나도 결혼 안 해서 사회 문제일 때 부모 신경 안 쓰이게 때맞춰 '결혼해줬으면 됐지'가 무슨 효도의 종결편처럼 여겨지는 시대! 당연한 자신들의 일을 '부모 위해 해준 것'으로 착각하며 크도록 한 것입니다.

그러니까 남편을 잃고 동시에 경제적 능력이 없는 엄마를 걱정하기는커녕 '우리 엄마, 아직은 돈 있어요' 하는 겁니다.

남 말할 거 뭐 있나요. 저부터입니다. 칠십 넘은 우리 엄마, 아직도 씩씩하다고 합리화하며 엄마가 해주는 거 받는 걸 자랑스러워했던 저부터 바꾸면 됩니다.

"어머니, 내년 김장은 꼭 같이할게요."

아낌없이 주는 나무, 그러나 쓰임새를 알려주며 주자

알려주어라. 너희에게 다 주어서 남은 게 없다는 걸. 이제 너희의 관심과 사랑이 필요하다는 걸. 세상은 우리의 자녀들에게 가르쳐주지 않는다. 젊은이들에게 '괜찮아' 하며 토닥이기나 할 뿐이고, 젊은이들의 비위나 맞추려고만 하거나, 위로와 희망을 혼동하며 젊은이들에게 '힐링' 상품이나 부추기고 있다.

내 자식, 내가 가르쳐야 한다. 그래야 점점 노인이 늘어나는 초고령 사회를 이겨낼 수 있다. 자식 위한다고 여전히 끼고 짝사랑하다가는 오히려 귀한 내 자녀들이 '자식들이 몰라라 외면한 초고령 노인들'을 부양하려 세금 내기 벅차게 될 것이다.

가르치는 발음보다
들려주는 발음이 중요하다

얻는 것이 없는 발음 교육
영유아기는 조사를 만들어내고 언어를 맘껏 탐색하며 때로 창조하는 시기입니다.
　"삼촌이가(이) 이거 사줬어요."
　"아이스크임이가(아이스크림이) 먹고 싶어요."
　"아탕(사탕) 사주세요."
　"떤땡이(선생님) 안녕가십니까(안녕하십니까)?"
　이를 '유아어'라고 합니다. 유아어를 많이 사용하는 3, 4세 유아들에게 발음이 왜곡되어 나타나는 것은 또 하나의 특징입니다. 그런데 이를 고쳐주려고 '언어교육'을 시도하는 것은 위험합니다. '얻는 것보다 잃는 게 많다'라는 말이 있습니다. 아이의 유아어를 고치려는 교육을 두고 하는 말인 듯합니다.

　엄마와 아이가 놀이터에 왔습니다. 아이가 시소를 먼저 타겠다고 합니다.
　"엄마, 나 저거 먼저 탈래."
　"저거 뭐?"
　엄마는 아이가 가리키는 것이 시소인 줄 알지만 되묻습니다. 아이는 알아들었는지 얼른 말합니다.
　"저거, 티이토(시이소)."

"또 그런다. 엄마 따라해. 시, 이, 소."
"티이토."
"다시, 시."
"티."
"아니, '티' 아니고 '시'. 다시 천천히 해봐. 시, 이, 소."
"……."
"해봐, 시이소."
아이가 거의 기어들어가는 목소리를 냅니다.
"티토."
"왜 자꾸 그래. '티토'가 아니라 시소라니까 시이소."
'시이소'라고 또박또박 발음하던 엄마는 언제부터인가 소리를 지릅니다.
"아내(안 해), 안 놀꾸야. 티토 안 타."

'따라해봐'라며 아이를 윽박지르는 것은 가르치는 게 아니라 오히려 아이를 주눅 들게 하고 배움으로부터 멀어지게 하는 방법입니다. 유아어 발음은 어느 시기가 되면 대부분 저절로 정확한 발음으로 발전하므로 억지로 가르치려 하지 마세요. 영유아 시기에는 발음을 부정확하게 하더라도 아이의 '듣는 귀'는 발달해 있어 부모님이 아이에게 정확한 발음만 피드백해주어도 충분합니다.

부모가 덩달아 유아어를 따라해서는 안 된다

"엄마, 아탕(사탕). 저거저거, 아탕."

마트에서 사탕을 사달라고 떼를 부리는 남자아이가 있습니다. 아이가 가리키는 것은 제가 보기에도 참 먹음직스럽게 생긴 사탕입니다. 아이는 이제 두 살 또는 세 살쯤으로 보입니다. 엄마는 들은 체 만 체하며 아이보다 앞서 갑니다. 사탕을 사주다니, 어림도 없는 일이라는 듯한 결연한 표정의 엄마. 아이는 엄마 손에 매달려 가며 조릅니다.

"엄마아아, 아탕 아탕."

사탕, 아이를 키우는 엄마들에게는 참 난감한 물건입니다. 어떻게 하든 사주고 싶지 않은 이 물건을 아이는 어떻게든 먹고 싶어 하니 그렇잖아도 아이 키우면서 이런저런 부대낌에

시달리는 엄마가 아이에게 인심을 잃기에 딱 좋은 사탕.

"엄마, 미어어(미워)!"

아이가 급기야 주저앉았습니다. 엄마는 할 수 없이 아이 앞에 마주 앉습니다. 그리고 아이와 협상을 시작합니다.

"너, 아까 마트 올 때 장난감도 사달라고 했지?"

아이가 고개를 크게 끄덕거립니다.

"응!"

"근데 또 아탕 사달라면 돼, 안 돼? 아탕 사주면 장난감은 못 사. 어떻게 할 거야."

협상에 응했던 아이는 기대에서 벗어난 엄마의 말에 더 이상 흥미를 갖지 않습니다. 게다가 장난감도 갖고 싶은 아이는 더 이상 엄마와의 대화에 응할 이유가 없습니다.

"아탕, 아탕."

더 크게 조릅니다. 화가 난 엄마의 목소리가 커집니다. 이제 게임은 끝난 겁니다. 목소리 키운 엄마가 진 게 분명합니다.

"너, 이러면 다시는 엄마랑 마트에 못 와. 그래도 괜찮아? 아탕 먹고 다시는 안 올 거야?"

아이가 눈물을 그치더니 잠시 생각을 합니다.

"응."

"알았어. 일어나. 다시는 안 데리고 온다. 알았지? 어떤 아탕 먹을 거야?"

역시 아이의 승리.

아이는 엄마와의 경기에서 승리한 전리품으로 얻은 사탕 하나를 맛있게 쪽쪽 빨아먹으며 갑니다. 다음에 다시는 못 따라올 것은 알 바 아니란 듯 발걸음이 신이 납니다. 장난감도 이런 방법으로 얻어가지 않았을까요?

엄마를 힘들게 하는 이런 장면도 저는 미소를 띠고 관찰합니다. 그 시기 아이들의 열망이 그대로 드러나 있으며 상황별로 아이를 대하는 엄마들의 다양한 대처법이 참 흥미롭습니다. 이런 장면을 '부모교육'에서 에피소드로 소개하면 공감 백 배하며 분위기가 즉시 형성되기도 하지요.

이 상황에서 저는 '유아어'를 대하는 엄마의 태도를 하나 더 공부하게 되었습니다. 아이의 엄마는 유아어를 반복해서 강화를 하고 말았군요. 물론 이 이야기의 핵심은 몸에 좋지 않은 사탕을 사달라고 하는 아이와 그것을 무시하는 엄마. 결국은 아이의 떼 부리기에 장사가 없음인 것 같지만 '아탕'을 반복해서 발음하는 엄마의 오류를 더 눈여겨 보아야 합니다.

이 엄마는 아이의 '아탕' 발음을 무리해서 교정해주려는 실수는 하지 않았지만, 무심코 '아탕'을 반복해서 들려주어 '모방학습'과 '반복학습'을 시켜주었습니다.

자연스럽게 바른 발음을 들려줘라

따라하는 것은 아이의 유아어를 강화해줍니다. 학습은 모방과 반복, 강화에 의해 이루어진다는 '행동주의' 학습 이론에 대입해볼 때 아이의 부정확한 발음을 따라하는 것은 반복이고, 하지 말라고 억지로 교정해주는 것은 부정적 강화이며, 아이의 유아어가 귀엽다고 부모가 그 말을 따라하는 것은 간접적인 칭찬의 강화입니다.

물론 아이의 유아어는 자라면서 자연히 없어지지만 귀엽다고, 혹은 무심코 부모가 두 번 세 번 반복해주면 안 됩니다. 그 의도가 어떻든 '유아어'를 강화하는 결과를 가져오기 때문입니다. 특히 아이의 발음을 고쳐주려고 그 단어를 반복하면 아이는 무안함과 수치심을 느낍니다.

"왜 자꾸 그래. '티토'가 아니라 시소라니까, 시이소."

'티토'라고 발음하는 아들에게 바른 발음을 가르치려는 엄마가 굳이 '티토'를 반복 재생해 들려줄 이유는 없습니다. 이는 아이에게 혼돈과 무안함, 때론 부정적 강화까지 가져옵니다.

유아기에는 '유능한 언어 학습자로서의 자신'을 느끼는 것이 중요합니다. 아이의 잘못된 발음을 교정해주려고 아이를 무안하게 만들면 아이는 그 단어에 두려움을 가질 수도 있습니다.

"아내(안 해), 안 놀꾸야. 티토 안 타."

이 말을 했을 때의 아이의 표정. 아이는 단순히 즐겁고 신나게 시소를 타기를 원했는데 그깟 발음 때문에 흥이 다 깨졌습니다. 엄마는 시소를 타며 아이가 건강하기를 바라는 마음과 이번 기회에 하나라도 더 가르치고 싶은 일거양득의 순수한 의욕이 있었지만 아무것도 얻은 게 없습니다. 게다가 아이의 언어 사용에 찬물을 끼얹었습니다.

이 시기 아이에게는 정확한 발음이 문제가 아니라 자신이 사용하는 언어에 대한 자신감과 재미를 느끼는 일이 더 중요합니다.

언어 학습자를 유능하게 만들어라

영어를 배울 때 'r'과 'l' 사운드 때문에 힘들었던 기억이 납니다. 'light'와 'right'를 정확히 발음하지 못했지요.

"하하, 라이트가 아니라 롸이트예요. 라이트가 아니라니까요. 아니요, 혀를 그렇게 하면 라이트가 되잖아요. 라이트 아니고 롸이트."

부정확한 발음을 '흉내(이때 흉내는 과장이 섞여 더 민망한 상황이 연출되곤 하지요)' 내며 교정을 해주는 선생님. 이 선생님은 잘못된 발음 '라이트'를 올바른 발음보다 더 많이 해주더군요. 이런 선생님일수록 자꾸 학습자가 잘못하는 부분을 찾으니 '아니요, 그게 아니라' 등의 부정어를 많이 사용하고 표정도 찡그리게 됩니다.

그 영어 선생님과는 머지않아 결별을 했습니다. 저로 하여금 '난 역시 영어 발음이 안 되나봐'를 가르쳐주었던 분이었습니다. 유능했지만 그 선생님으로부터는 영어를 배운 것이 아니라 '난 영어를 못하는 사람이구나'를 깨닫게 되었을 뿐입니다.

이번에는 유능하고 유명한 분이 아니라 친절한 선생님을 소개받았습니다.

"네, 롸이트. 혀를 이렇게 하면서 롸이트. 예, 잘하셨어요. 다시 한 번 혀를 이렇게 하면서 롸이트, 네에, 다시 한 번, 롸이트."

이 선생님은 '아니요, 그게 아니라'를 사용하지 않았습니다. '잘하셨어요', '네에'와 '다시 한 번 혀를 이렇게 하면서' 등으로 구체적인 방법을 알려주면서 언어학습자로 하여금 바른 방법을 익히도록 지도했지요.

무조건 칭찬만 하는 선생님이었냐고요? 아닙니다. 이 선생님은 굳이 잘못된 부분을 반복해서 지적하지 않고 옳은 방향으로 가도록 이끈 것입니다. 교정에도 방법이 있습니다. 학습자가 할 수 있도록 지지와 격려를 해주는 것이지요.

언어 초보자에게는 이런 선생님이 필요합니다. 부모님은 아이에게 어떤 선생님인지요?

아이의 말을 고쳐주려는 부모의 섣부른 언어교육이 아이의 언어 발달을 가로막습니다. 옆집 아이가 한글을 잘 읽을 때 우리 아이는 혀 짧은 소리를 한다 해도 조급해하지 마세요. 현재 아이는 유아기입니다. 유아기 때는 발달이 고르지 않을 수도 있습니다. 아이의 수준을 있는 그대로 인정해주는 것이 훨씬 중요합니다. 유아어를 사용하는 우리 아이에게는 발음을 제대로 가르치려는 엄마가 아니라, 아이의 수준을 있는 그대로 인정하면서 기다려주는 부모, 아이의 자신감을 잃지 않게 하는 부모가 필요합니다.
  아이의 발음을 억지로 교정시키며 가르치려 하지 마세요. 아이는 부모가 가르치려고 하는 것에서 배우는 것보다 실제 생활에서 보여주는 것으로부터 더 잘 배웁니다. 엄마아빠의 올바른 발음과 다양한 어휘가 관건입니다. 굳이 아이에게 올바른 발음을 가르치려 하지 말고 부모님이 바른 발음을 사용하면 됩니다. 아이에게 애써 많은 어휘를 가르칠 필요도 없습니다. 부모님이 평소에 엄선한 어휘, 다양한 단어를 사용하면 됩니다.

Part 03

사회성을
발달시키는
부모의
말, 말, 말

자유선택활동시간입니다.
쌓기놀이 영역에서 민준이와 지호가 블록놀이를 하고 있습니다.
민준 (46개월) 이거 내가 먼저 잡았으니까 내가 하는 거야.
지호 (50개월) 그런 게 어딨어. 내가 필요한 거니까 내 꺼야.
선생님은 언어영역에서 활동하는 친구들과 상호작용을 하고 있었습니다.
잠시 후 들리는 민준이의 울음소리. 돌아보니 민준이가 엎드려 있고 지호는 우는 민준이를 향해 씩씩거리며 서 있습니다.
지호 내 꺼라고 했는데 니가 뺏었으니까 네가 잘못한 거야. 그니까 내 잘못 없어.
선생님은 깜짝 놀랐습니다. 지호가 친구를 괴롭힐 리가 없습니다. 몸집이 작지만 월령이 반 친구보다 높아서인지 의젓하고 언어구사력이 좋으며 양보도 잘하는 친구입니다.
선생님은 민준이를 안아주며 지호도 한 팔로 감쌌습니다.
민준 (여전히 울며) 아냐. 그거 내 꺼였다구.
지호도 겁이 났는지 울먹입니다. 선생님 양 팔은 민준이의 울음과 지호의 흐느낌으로 들썩거렸습니다.
……
두 아이가 진정되고 지호로부터 들은 이야기.
"선생님, 아빠가요. 때리래요."

맞지 말고 때리래요

부모의 말, 아이에게 와전된다

지호 아빠가 지호에게 때리라고 말했을까요? 그 사연을 다 알 수는 없지만 그렇게 말했을 리는 없을 겁니다. 아이들은 자신이 이해하는 만큼 받아들이고 그대로 행동합니다. 이때 자신에게 유리한 대로 이해하고 정식으로 마주 앉아 가르친 것보다 부모가 지나가듯 한 혼잣말을 더 잘 들을 수도 있습니다.

지호는 몸집이 조금 작은 남자아이입니다. 그래서인지 지호에 대한 부모님의 보호는 지나칠 정도입니다. 사실 그렇게 걱정할 정도는 아닌데 지호 엄마의 얘기에 의하면 지호 아빠는 당신의 체구가 작은 것을 지호와 연결해서 의식하는 편이라고 합니다.

지호는 언어구사력이 뛰어납니다. 친구들은 문제가 생기면 지호에게 도움을 청할 정도이며, 부모님이 책을 많이 읽어주어서인지 '이야기 나누기' 시간에 친구들 앞에서 발표를 할 때면 표현력도 좋습니다. 친구들은 지호의 말을 잘 들어주고 지호는 반에서 리더 역할을 하는 편입니다.

그런 지호가 민준이를 밀어뜨리고 때렸습니다. 그리고 '때리래요'라고 했습니다. 지호에게 무슨 일이 있었던 걸까요?

의문은 엄마와의 상담을 통해서 풀렸습니다.

어느 주말의 일이었습니다. 지호와 친한 친구가 지호 집에 놀러 왔습니다. 마침 지호 아빠도 집에 있었습니다. 문제는 지호의 친구가 자신의 집으로 돌아간 후에 일어났습니다.

지호 아빠 여보, 쟤(지호) 원래 저래? 어째 지 꺼는 하나도 못 찾아 먹냐.

지호 엄마 왜, 어때서? 양보하고 좋잖아.

지호 아빠 그게 양보냐. 완전 바보네. 이것도 갖다 바치고 저것도 갖고 놀아라…… 진상을 하네, 아예.

지호 엄마 그럼 손님인데 당연하지. 지호도 걔네 집에 가면 그런 대접받아.

지호 아빠 퍽도 그렇겠다. 지호 친구 보니까 저밖에 모르겠더만. 완전 요즘 애들이던데 뭘. 쟤 지호, 저래가지고 지 꺼나 찾아 먹겠어? 그러고는 갑자기 지호를 소리쳐 부릅니다.

지호 아빠 야, 지호야.

마침 지호는 친구랑 놀던 장난감을 치우며 엄마아빠의 이야기를 듣고 눈치를 보고 있었습니다.

지호 아빠 야, 너 왜 걔랑 놀던 거 혼자 치워? 담부터 걔랑 같이 안 치우면 걔 우리 집에 놀러 오지 말라고 해.

지호 엄마 여보, 왜 애한테 그런 말을 해. 친한 친구인데.

지호 아빠 지호야, 솔직히 말해. 너 걔한테 맞은 적도 있지?

이날의 대화에서 아빠는 맞지만 말아라, 양보만 하지 말아라…… 라는 이야기를 했답니다. 이것이 '아빠가요, 때리래요'의 단서였습니다.

애들은 싸우며 크고 아프며 자란다

흔히 애들은 아프고 나면 훌쩍 큰다고 합니다. 싸우면서 큰다는 말도 있습니다. 성장과정에서 자연스럽게 일어나는 현상이지요. 아직 타인에 대한 배려가 발달하지 못한 유·아동기에는 말 표현보다는 순간적으로 손과 발이 먼저 나가기도 합니다. 그런데 맞기만 하는 아이는 없으니 싸움이 일어나지요.

엄마아빠들은 흔히 말합니다.

"우리 애는 누굴 때릴 줄 몰라요."

특히 아이가 순하다고 생각하는 부모일수록 이런 믿음이 강합니다.

그러나 때릴 줄 모르는 아이는 없습니다. 때리는 걸 못 본 거지요. 아이 또한 생존에 대한 본능이 어른 못지않습니다. 아니, 어른보다 본능이 더 앞서는 시기입니다. 자신이 맞으면 자동적으로 방어를 하는데 그건 순간적인 때리기로 나타나기도 합니다.

어른은 본능과 이성을 동시에 발휘할 능력이 있으며, 행동의 다음 결과를 순식간에 예측합니다. 어른은 맞았다고, 욕먹었다고 바로 맞받아 치지는 않습니다. 그러나 아이는 다릅니다. 아직은 본능이 앞서는 발달단계에 있습니다. 그래서 어렸을 때부터 분노를 조절하는 방법을 배워야 합니다. 전두엽을 발달시키는 이 시기에 타인과 자신을 보호하고 존중하는 태도를 배워야 하는 것입니다. 부모가 중요한 이유가 바로 이런 발달을 도와주는 중심 역할을 하기 때문이지요. 이런 교육은 지속적이고 체계적이며 일상에서 자연스럽게 반복되어야 합니다.

가뜩이나 다투며 자라고 싸우며 클 수밖에 없는 유아기에 어른이 '양보는 바보 같은 것', '네 것을 챙기는 게 우선'이라는 태도를 보인다면, 이건 위험한 아이로 키우는 초위험 어른의 처신입니다.

스치듯 한 말이 작정하고 가르친 것보다 효과가 더 큽니다. 아빠가 마지막에 일어서며 한 말이 지호가 민준이를 밀어뜨리고 때린 이유가 되었지요.

아빠의 언어는 아들에게 민감한 영향을 줍니다. 유아기 때는 아들의 언어에 아빠의 언어가, 딸의 언어에 엄마의 언어가 고스란히 녹아 있음을 자주 보게 됩니다. 특히 지나가듯 하는 말을 조심해주세요. 더 강력하게 전달될 수 있습니다.

그래도 몸집 작은 우리 아이가 걱정이라면

'악화가 양화를 구축한다'는 말이 있습니다. 아이의 약하고 작은 몸집을 걱정한 나머지 다른 아이를 공격하라는, 아니 그 비슷한 얘기를 했다면 아이를 오히려 위험에 빠뜨리는 일입니다.

유아기 때는 장난 같은 다툼이라서 선생님과 어른의 말로 통제와 가르침이 가능하지만 이 아이들은 점점 자랍니다. 학교폭력이 심각한 문제가 되고 있는 현재, 모든 아이에게 다른 사람의 몸에 작은 공격을 하는 것도 허용해서는 안 됩니다. 태도는 습관을 낳고 그 습관은 점점 자라 굳어집니다. 부모의 태도가 아이의 태도가 되고 그것이 부지불식간에 습관이 된다면 자기를 방어한다는 미명하에 '공격을 정당화'하게 됩니다. 모든 부모가 내 아이 당할까봐 걱정한 나머지 '때려도 좋다'고 허용하거나 그런 생각을 주입시키면 아이들끼리 만났을 때 폭력은 이미 예정된 사건입니다.

유아기 때 몸집이 평생 갈 리 없지만 그래도 이런저런 걱정이 앞선다면 '맞지 마라', '때려라'라고 하지 말고 아이가 방어능력을 기르도록 도와주기 바랍니다. 먼저 아이와 운동을 하세요. 줄넘기로 성장점을 자극해주고, 스트레칭으로 아이의 몸을 유연하게 해주며, 달리기와 걷기로 체력을 탄탄하게 하고 공놀이를 하면서 순발력과 방어력도 키워주세요. 아이가 초등학생이 되면 적절한 시기에 태권도를 가르치는 것도 좋습니다. 공격의 수단으로서가 아닌 자신을 방어하고 안전하게 하기 위한 운동을 골라 가르친다면 아이는 자신의 몸에 자신감을 가질 수 있습니다. 유아기 때는 아빠와의 놀이가 중요합니다. 놀이 자체가 곧 운동이 됩니다. 아빠와 놀면서 아이는 승부와 규칙을 알게 되고 승자와 패자의 바람직한 태도를 배울 수 있으니 금상첨화입니다.

부모의 모든 것은 우리 아이를 위하는 일로 시작됩니다. 그 중심에 자녀에 대한 사랑이 있습니다. 사랑을 하는 것은 중요합니다. 그러나 제대로 된 사랑이 더 중요합니다. 모든 부모의 말에는 '다 너 잘되라'는 마음이 담겨 있음을 알고 있습니다. 그러나 표현을 잘해야 부모의 마음이 확실히 전달될 것임을 또한 알기에 제 마음도 함께 담았습니다. 감히 비유

컨대, 참된 부모 됨의 길은 성자들의 수행과 많이 닮았습니다.

내 아이가 세상으로부터 외면당하거나 불이익을 당한다는 생각을 하면 끓어오르는 화를 참을 수 없는 부모이지만, 수행자처럼 숨고르기를 하고 이성적으로 얘기해야 합니다. 아이는 아직 언어발달이 미완성 단계이고, 인격도 갖춰가는 중이라 부모가 자칫 말을 잘못하면 아이 식대로 해석합니다.

천천히, 아이를 바라보며 알아들을 수 있게, 그리고 모든 아이를 위하는 마음으로 말을 하세요. 쉽지 않지만, 이게 자식 잘 키우는 일이니 심호흡하고 숨을 고를 수밖에요.

아이의 언어로 말해라

아이에게 부모의 말로 하면 아이는 이해하지 못하고 심지어 오해를 한다. 부모의 '맞고 오지 마'를 아이는 '때리고 오라!'로 오해할 수 있다.

먼저 왜 맞았는지 이유를 들어보자. 이유가 있다. 그리고 앞으로 그런 상황에서는 어떻게 대처하면 좋을지 의견을 나누어라. 이때도 아이가 먼저 의견을 내놓을 수 있는 분위기를 만들자. 아이가 더 잘 안다. 어떻게 해야 하며 왜 그런 일이 일어났는지. 아이도 때로 부모에게 모든 것을 사실대로 말하지는 않는다. 사실 유아기 때 맞은 이유는 자신이 먼저 잘못을 한 경우가 더 많다. 그렇지만 부모에게 그대로 말하지 못한다. 꾸중 들을 게 두려워서이다.

그렇다고 추궁하지 마라. 아이도 이미 잘못을 알고 있다. 잘못을 말하는 시간은 짧게, 앞으로의 바람직한 대처방법을 논의할 때는 시간을 들여 아이가 천천히 잘 생각하도록 하자. 논리와 합리, 문제해결력은 학습지로 배울 수 있는 게 아니다. 바로 이런 실제 현실에서 가장 실감나게 습득할 수 있다.

단원평가 시험을 본 날, 아이가 친구를 데리고 왔습니다. 열심히 걸어왔는지 아이들 이마에는 땀이 송글송글합니다. 엄마는 시원한 과일과 주스를 아들과 친구 앞에 내놓습니다. 번갈아 손을 닦고 나와 주스를 맛있게 마시며 아이들이 대화를 합니다.

아들 진짜 시원하지? 시험 끝나서 시원하고 주스도 시원하고…… 시~원하다!
친구 응. 근데 난 주스만 시원해. 사실 집에 가기 겁난다.
아들 왜? 시험 끝났잖아. 난 홀가분한데.
친구 난 분명히 맞을 거야. 집에 가면.
아들 야, 너희 부모님 널 때리셔? 정말?
친구 아니, 그게 아니라 말로 때려, 말로. 난 분명히 말로 맞아 죽을 거야.
아들 말로? 어떻게?
아들 친구는 남은 주스를 한꺼번에 쭈욱 마시더니 말합니다.
친구 순서가 있지. 먼저 너보다 잘한 애 있냐고 묻는다. 있다고 하면 그다음엔…… 정해진 말들이 나와. 민기 그 자식이 왜 다 맞아가지고는!
아들의 친구는 손가락을 우두두둑 꺾습니다.
친구 아, 아프다. 말로 맞는 거, 그거 엄청 아프다.
나중에 들어보니…… 아이의 친구가 틀린 문제는 한 개였다고 합니다. 그 한 개의 오답으로 아이는 말로 맞아죽을 거라 걱정을 했습니다. 그리고 만점 맞은 친구, 민기를 원망했습니다.

02 분명히 말로 맞을 거야

'소년등과에 패가망신'이라는 옛말 되새기기

틀린 문제를 지적하지 말고 맞힌 문제를 격려하라. 우리는 누구나 잘못을 저지르기 쉽다. 아홉 가지의 잘못을 찾아 꾸짖는 것보다는 단 한 가지의 잘한 일을 발견해 칭찬해주는 것이 그 사람을 올바르게 인도하는 데 큰 힘이 될 수 있다.

앞의 이야기를 듣고 떠오른 데일 카네기의 말입니다. 어쩌면 그는 한국 가정의 이 이야기를 들었던 걸까요? 정말 딱 들어맞는 말입니다. '말로 맞아본 적' 있나요?
여성과 남성의 차이를 얘기할 때 여자는 말에 많은 비중을 둔다고 합니다. 저도 '아들과 딸, 키우는 방법이 따로 있다'고 언급하면서 딸아이와 놀아줄 때는 '말을 잘하라'고 조언했습니다. 여자아이들은 별말 아닌데도 쉽게 삐치는 경향이 있지요. 그런데 이 이야기의 주인공은 남자아이입니다. 결코 잘 삐치거나 민감한 성격이라서 한 이야기가 아님을 다음 말을 통해 알게 됩니다.

"야, 넌 누굴 닮아서 새대가리냐."
"저 자식 학원도 보내지 마. 혼자 공부하면 저건 완전 꼴찌는 안 뺏길걸."
"너, 그러기도 힘들 거다. 우리 집안에 어떻게 너 같은 게 나왔지? 완전 연구감이네."
"이러다간 너 쪽박 차! 아빠 믿고 그러냐? 어림도 없어, 아빠를 뛰어넘을 생각을 해야지. 치사하게 짜식아, 아빠한테 빌붙으려고 작정했어?"

아이가 아빠한테 들을 몇 마디를 재연할 때, 아이의 표정은 험악하고 일그러진 어른의 자화상 그대로였습니다.

만점 맞은 날은 조용하다고 합니다. '당연한 걸 가지고 뭘!' 하는 식으로요. 물론 만점 맞았다고 과장되게 칭찬하는 것도 바람직하지 않지만 틀린 문제를 지적하며 말로 때리는 이 비난은 분명 큰 문제입니다.

'말 한마디로 천 냥 빚을 갚는다'는 평범한 속담도 모르는 이 아빠는 나름 수재로 살아온 자칭 엘리트라고 합니다. 수재와 엘리트의 기준이 혼란스럽습니다. 아이에게 언어폭력을 휘둘러 '아빠한테 맞아(말로) 죽는다'고 아들이 공포와 분노를 표현하는 것도 모르는 이 아빠가 과연 수재인가요.

초등, 중학교 시절의 학업성적을 앞으로 긴 인생의 '잣대'로 삼는 것은 위험합니다. 초등학교 때는 심신을 건강하게 해주는 데 중점을 두어야 합니다. 학업을 무시할 수는 없지만, 그것을 아이 '능력의 전부'로 각인시켜서는 안 됩니다.

특히 남자아이들은 늦게 동기를 부여받는 경우가 많습니다. 남자아이를 둔 부모님이 가끔 되뇌어야 할 한자는 '참을 인'자이고 '대기만성'이라고 부모교육 시간에 말합니다. 모두 웃지만 그 가운데 유난히 크게 고개를 끄덕이는 그룹이 알고 보면 남자아이를 자녀로 둔 부모님 집단입니다.

너무 빠른 판단은 오판을 낳습니다. 한두 문제 틀렸다고 아이의 인생을 운운하며 '쪽박 찰 것'을 예언하는 아빠는 진짜 아빠 맞나요? 아니면 엉터리 주술사인가요!

소년등과 패가망신(少年登科 敗家亡身)이라는 말이 있습니다. 너무 이른 성취를 경계하는 말입니다. 이제 겨우 초등학생인 아이에게 학업성취로 부담을 주지 마세요. 기다려주세요. 아이가 마음의 힘을 기르고 동기를 부여받는 게 중요합니다. '말로 맞아 죽을 거'란 생각을 하게 만들지 마세요. 아이의 가능성이 죽습니다. 가능성이 죽은 아이는 앞으로 모든 게 불가능합니다.

아이에게 적을 만들게 하지 마라

한두 문제에 목숨이 위태롭다고 느끼는 아이가 건강한 심신을 가질 리 만무합니다. 게다가 아이보다 더 잘한 친구와 비교한다면 내 아이는 심약한 눈치꾸러기에 심지어 적개심만 키울 수밖에 없습니다. 아이가 주변의 모든 사람을 적으로 여긴다면 부모가 원하는 학업성취를 한들 그게 행복한 인생으로 연결될 리 없습니다.

우리 아이들은 함께 가는 시대를 살 것입니다. 한 개 틀린 아이에게 윽박지르듯 "백 점이 몇 명이야?"를 묻는 것은 아이로 하여금 '나보다 성적 좋은 아이는 모두 경쟁자'로 여기게 하는 어리석은 질문밖에 되지 않습니다.

"다 맞은 아이 없는데요."

"그래? 그럼 제일 적게 틀린 애는 몇 명이야?"

"제가 제일 많이 맞았는데요?"

"그래? 너보다 많이 맞은 애 없어? 네가 제일 성적 좋아? 잘했네!"

이건 또 뭡니까? 아까는 한 개 틀렸다고 윽박지르듯 다그치고는 다 맞은 아이가 없다고 하니까, 이제 아이가 제일 잘한 것으로 보이나요? 결과는 변한 게 없습니다. 아이의 점수도 같습니다. 그런데 더 맞은 아이가 없다고 하니 '잘했네!'라고 하는 것은 완전 상대평가입니다. 물론 다른 아이가 못해야 내 아이의 등수가 높아지는 건 맞지만 아이의 성취동기를 북돋는 데는 도움이 되지 않음을 부모님도 잘 알 겁니다. 우리의 학창시절, 부모님이 다른 아이와 비교할 때 얼마나 기죽고 자괴감이 들었는지 잘 기억하면서도 막상 부모가 되면 그때의 기억은 모두 지우나봅니다.

  부모 먼저 상대평가에서 벗어나야 우리 아이의 삶이 행복합니다. 우리 아이들에게 누군가를 밟고, 밀치고 가는 인생이 아니라 더불어 살아가는 삶이 중요함을 알려주어야 합니다. 그러려면 아이에게 '다른 애보다 잘했으면 됐어!'의 모습을 보여서는 안 됩니다. '네가 노력했으면 그걸로 인정받을 만해!'가 되어야 합니다. '다른 사람보다 위에만 서면 된다'는 부모의 편협한 인식이 아이에게 전달되면 어떻게 될까요? 결과만 중시한 채 나보다 나은 사람을 인정하기보다는 폄하하

고, 타인의 강점을 찾아 내 것으로 만들기보다는 상대를 비난하기에 바쁠 수 있습니다.

긍정은 힘이 됩니다. 타인을 긍정하면 더 큰 힘을 얻게 됩니다. 타인을 긍정해야 그의 좋은 점을 배울 수 있으니까요. 이런 과정을 통해 아이는 매 순간 세상으로부터 배웁니다. 이게 세상을 행복하게 사는 것입니다. 눈만 뜨면 나보다 잘 나가는 사람 때문에 주눅 들어 삶이 힘들다면 불행하지 않겠습니까. 타인의 좋은 점에 찬사의 박수를 보내는 사람이 자신도 박수 받을 자격이 생깁니다.

프랑스 작가 라 로슈푸코(La Rochefoucauld)의 말을 인용합니다.

> 우리 아이가 살면서 적을 만들길 원한다면 내(아이)가 그들보다 잘났다고 느끼게 하면 됩니다. 그러나 친구를 얻고 싶다면 그들이 나(아이)보다 뛰어나다고 느끼게 하세요.

나를 사랑해야 남을 사랑할 수 있습니다. 내가 즐거워야 남을 즐겁게 할 수 있습니다. 내가 행복해야 남과 더불어 행복할 수 있습니다. 아이가 자신을 사랑해야 남도 사랑할 마음의 여유가 생기며 그래야 남으로부터 장점을 배우고 칭찬하며 더불어 행복할 수 있습니다.

부모님이 무심코 자주 하는 "너보다 많이 맞은 애 없어?"는 아주 위험한 말입니다. '너는 너보다 못난 사람들과 함께 살아야 한다'는 암시이며, '네 주위 모든 인간은 네 적이야! 명심해!'라는 의미입니다. 내 귀한 아이가 못난 사람들과 함께 살기를 바라지 않는다면 아이로 하여금 타인을 인정하며 칭찬하고 동기를 부여받도록 해주세요.

'말로 맞는' 아이, '말로 한 폭력'

우리 아이들은 아마도 평생 공부를 해야 할 것입니다. 정규 교육과정이 끝나면 취업 공부에 매달리고 취업이 되었다면 그 분야에 필요한 지식을 배워야 하기에 '평생학습'이라는 말 그대로 일생 동안 공부하며 살아가야 합니다. 그런데 초등학교 시험 때마다 한두 개 틀렸다는 이유로 꾸중 듣는 것을 두려워한 나머지 시험 자체를 공포로 여기게 된다면 이 아이에게 공부가 과연 즐거움일 수 있을까요?

> 나무는 먹줄을 따르면 곧아지고 쇠는 숫돌에 갈면 날카로워진다. 이렇듯 매일 성찰해야 앎이 밝아지고 행동에 허물이 없게 된다. 학문이란 죽은 뒤에야 끝나는 것이다. 학문의 방법에는 끝이 없지만, 그 뜻은 잠시라도 내려놓을 수가 없다

《순자》의 〈권학편〉을 보더라도 배움에는 끝이 없습니다.
현명한 부모라면 시험 결과만 놓고 아이의 학습 능력을 평가하는 게 아니라 공부에 관심과 흥미를 갖도록 하는 게 먼저입니다. 평생 배움에 흥미를 잃게 하려면 지금 아이의 초등학교 단원평가 결과를 가지

고 언어폭력을 행사하기 바랍니다.

부모라는 이유로, 아이가 아직 대들 힘이 없다는 이유로 아이의 성적을 깃발처럼 내걸고 때리지 마세요. '밀로 맞은' 아이는 아픕니다. 육체의 상처는 시간이 지나면 치유되지만, 마음에 직격탄을 날리는 '말로 한 폭력'은 평생을 괴롭힐 수 있다는 것을 잊지 마세요. 만약 아이가 섬세한 심성을 지녔다면 말로 맞은 아픔은 분명 더 클 것이고 그것은 괴로움과 손잡고 그 아이를 계속 내리칠 것입니다.

사람들은 비판을 해달라고 할 때도 정작 듣고 싶어 하는 것은 칭찬이라는 말을 들려드리고 싶군요. 덧붙여 당신의 아이는 어리고, 어린 아이들은 언제 어디서나 '부모의 칭찬'을 듣고 싶어 합니다.

그런데 우리 부모는 늘 자녀가 유치원에 다닐 때는 친구들과 사이좋게 놀면서 사회성을 발달시켰으면 좋겠고, 다른 아이보다 한글을 빨리 깨우쳐서 동화책을 줄줄이 읽으면 흡족하고, 초등학교에 가서는 발표도 잘하고 학업 성적이 우수하다면 마음이 벅차오르고, 중·고등학교 시절에는 사춘기는 살짝 건너뛰어 부모한테 반항하지 않을뿐더러 공부도 월등히 잘해서 좋은 대학 갈 수 있다는 확신이 들게 하면 더 바랄 게 없고, 드디어 부모님이 원하는 대학에 합격하면 세상을 다 얻은 듯 행복하고, 더 열심히 공부해 장학금 받고 4년을 우수하게 다니더니 마침내 누구나 알아주는 대기업에 취직까지 하기를 바랍니다.

부모의 바람과 소망이 여기서 멈추는 것도 아닙니다. 말 그대로 끝이 없지요. 당연합니다. 부모의 제2의 나, 그게 바로 자녀이니까요. 부모인 나보다 더 잘살았으면 좋겠다는 소박한 소망이 알고 보면 숨이 차고 도저히 가능하지 않은 요구들로 나타납니다. 부모의 작은 소망은 자녀에게는 감당하지 못할 버거운 짐밖에 안 됩니다. 부모의 소박한(?) 소망이 아이에게는 절망입니다. 부모는 자녀 잘되라고 매달리지만 자녀는 이 짐과 속박으로부터 달아날 생각밖에는 안 떠오릅니다. 부모와 자녀 사이는 멀어질 수밖에 없지요. 관계가 어긋난 사이에서 '소통'이 웬 말이며, 행복은 이미 멀어졌습니다.

부모님, 주변의 엄친아, 엄친딸로부터 눈길을 거두세요. 알고 보면 그 아이들 또한 부모의 과장으로 빚어진 조작품인지도 모릅니다. 세상을 떠들썩하게 하는 잘난 아이를 우리 아이와 비교할 때 불행이 시작됩니다. '나는 이렇게 살아도 우리 아이들만큼은'이라는 생각도 내려놓으세요.

아이에게 관심 가질 일은 따로 있다

대신, 우리 아이가 바른 인성을 가졌는지 살펴보세요. 부모의 노고가 당연하다고 생각하는 아이로 키우지 마세요. 우리 아이가 자신밖에 모르는 경우 없는 사람은 아닌지, 친구와 세상을 탓하면서 정작 자신은 돌아보지 않는 옹졸한 아이는 아닌지, 해야 할 일 앞에서 참고 하는 인내심은 있는지…….

아이의 성품이 반듯하다면, 그 시기가 조금 늦게 올지는 모르지만 분명히 학습에 동기를 부여받아 저 나름의 목표를 향해 열심히 매진하는 순간이 옵니다. 그런 깨달음을 얻은 아이는 공부하라는 부모의 잔소리가 없어도 학문이 왜 필요한지 알기에 스스로 책상 앞에 앉습니다.

기초가 단단해야 합니다. 초등기는 기초공사 시기입니다. 지금 인테리어를 하려고 들지 마세요. 초등기는 아이의 학습 결과에 관심을 가질 때가 아니라 학교에서 어떻게 지냈는지 아이의 말을 들어주며 자신감을 심어주는 때입니다. 아이가 힘들거나 속상해하면 이야기를 나누며 친구와 세상을 이해하도록 도와주고 바른 사회성을 익히게 하세요. 기초공사는 소홀히 한 채 인테리어에만 치중한다면 상상만 해도 위험한 건물이 됩니다. 부모님이 초등학교 자녀를 성적으로 평가하는 게 바로 그런 위험천만한 일입니다.

아이가 시험을 본 날, 다정하게 마주 앉으세요. 시험 볼 때 얼마나 긴장을 했는지 그 느낌에 공감해주고, 그건 네가 시험에 임하는 자세가 진지했기 때문이라고 격려해주며, 최선을 다하겠다는 태도는 좋은 거라고 이야기해주세요. 우리의 아이는 서른이 될 때까지 수없이 시험을 치르며 살아야 합니다. 공감하며 격려하고 최선을 다하는 태도를 가지도록 돕는 것이 먼저 시험을 치르며 살아온 부모의 어른스러운 자세입니다. 그 과정은 다 무시하고 한두 개 틀렸다는 이유로 '난 분명히 맞을 거야'를 확신시키는 부모라면 아이에게 성적 말고는 아무것도 기대할 자격이 없습니다. 아이의 행복조차 바라서는 안 됩니다. 이제 열

살 남짓 아이가 나름의 힘든 과업인 시험을 본 날, 수고한 내 아이에게 어떤 말을 해야 할지 고르고 골라야 합니다.

"괜찮아, 우리 부모님은 어떤 결과든 최선을 다했으면 된다고 하셨어."

우리의 아이들이 시험을 마친 어느 날, 시원한 주스를 마시며 이런 말을 자랑스럽게 했으면 정말 좋겠습니다.

아이를 IQ로만 평가하는 불량투자자 부모의 위험

IQ(성적)로 아이의 모든 것을 평가하는 위험을 경고하는 말이 있다.

IQ는 이렇게 말한다 사람은 천재, 일반인, 그리고 저능아가 있다.
MI(다중지능이론)는 이렇게 말한다 모든 사람은 여덟 가지 지능을 가지고 태어난다. 다만 개인에 따라 강한 지능에 차이가 있어 누군가는 과학자, 누군가는 음악가로 살아간다.

IQ는 이렇게 말한다 아인슈타인은 천재다.
MI는 이렇게 말한다 아인슈타인은 논리수학지능이 뛰어나다. 언어지능은 낮다. 의사소통 장애가 있었다.

하워드 가드너의 다중지능이론에 의하면 모든 인간은 각기 다른 여덟 가지 지능을 갖고 태어나는데 각각은 독립적으로 또는 함께 작용한다. 이 지능들은 교육을 통해 일정 수준 계발할 수 있다. 그런데 성적(IQ)이라는 한 가지 지능만 강조한다면 더 중요할지 모르는 다른 지능은 약화되거나 사라질 수 있다.

성적이 좋지 않은 아이가 불행한 것이 아니라 재능과 관련 없는 인생을 살게 될 아이가 행복하지 않은 것이다.

"교수님, 안녕하십니까?"
초원이의 인사가 제일 먼저 저를 반깁니다.
수요일, 점심식사를 마친 1시 35분. 나른함으로 온몸이 온통 뒤틀리는 시간이지요.
이쯤이면 강의실에 들어가는 저도 긴장을 합니다. 지루하지 않게, 조는 학생 없게. 어려운 이론 강의라도 있는 날에는 각오를 하고 강의실로 향합니다.
강의를 하는 선생이야 제 풀에 신이 나겠지만, 듣는 학생 입장이 되면 재미있는 시간은 아니겠지요. 그러나 초원이의 인사는 문을 열고 들어선 제게도, 졸 준비를 하고 있는 다른 학생들에게도 깜짝 놀랄 만큼의 활력과 즐거움을 줍니다.
"어, 초원. 나는 안녕하다. 너는? 얘들아, 너희도 안녕하니?"
이때부터 우리의 오후 강의가 활짝 열립니다.
어느 날 제가 초원이에게 물어보았습니다.
"초원아, 넌 누굴 닮아 그렇게 밝게 인사를 잘하니?"
거침없이 들리는 대답.
"엄마요. 아빤가? 아니, 우리 가족 다 그래요."
그러자 친구 몇 명이 거듭니다.
"진짜예요, 교수님. 얘네 엄마아빠 댑다 재밌으세요."

03
언어는 매직, 이제는 부드러운 소통의 시대

밝은 표정, 밝은 인사의 힘

하루 여섯 시간의 강의가 있는 수요일. 오전 강의를 마치고 점심식사를 한 후 오후 강의를 하러 들어가기 직전은 '아, 좀 더 쉬었으면 좋겠네요. 점심시간 짧아요' 하며 강의를 해야 하는 교수들도 서로 힘들어하는 시간입니다.

그러니 학생들이야 오죽할까요. 서둘러 점심식사를 마치고 부랴부랴 강의실에 와 앉아 있지만, 다가오는 강의시간이 결코 반갑지 않을 것 같습니다. 게다가 학생들 표현대로 매일매일 밀물처럼 밀려드는 리포트에 쫓기느라 항상 수면 시간이 부족하니 이 왕성한 젊은 청춘들의 수면욕이 식곤증과 만나 가히 기진맥진하게 만드는 시간입니다.

이런저런 이유로 졸린 오후 강의시간의 시작을 밝게 깨워주는 학생이 초원이입니다. 잠시 책상에 엎드려 있던 학생들도 반짝 일어나 서둘러 교재를 펼치게 하는 반가운 인사.

"교수님, 안녕하십니까?"

매주 받는 초원이의 인사이지만 저는 그때마다 감사해합니다. 동시에 밝고 환한 인사가 주는 큰 힘을 느낍니다. 어찌 보면 짧고 형식적일 수 있는 인사 '안녕하십니까?', 그러나 밝은 태도와 표정이 함께한 이 인사는 모두를 즐겁고 기운나게 합니다.

"초원아, 너 선생님 좋아하지?"

인사를 받고 어느 날은 제가 농담처럼 물어보았습니다.

"교수님, 모르셨어요? 제 꿈에도 교수님이 나와요. 왕사랑해요."

다른 학생들의 "우~" 하는 소리.

초원이는 친구들의 야유 비슷한 놀림에도 아랑곳하지 않습니다.

"얘들아, 남자친구만 꿈에 나오는 게 아냐. 교수님, 저 교수님 짱사랑해요."

수요일 오후에는 어김없이 이런 즐거움으로 강의가 시작됩니다.

부드러운 소통을 원하는 시대

'웃으면 복이 와요'부터 시작해, 웃음과 관련된 말이 많습니다. '웃는 얼굴에 침 못 뱉는다', '유명한 관상쟁이도 웃는 얼굴의 관상은 보기 어렵다', '한 번 웃으면 한 번 젊어지고 한 번 화내면 한 번 늙는다(一笑一少一怒一老)' 등의 말을 보면 웃음은 긍정이 주는 에너지를 가장 확실하게 표현하는 방법임을 알 수 있습니다.

웃음은 명약이라고도 합니다. 웃음클리닉이 인기 강좌로 등극하고 유머는 더 이상 일정 직업인의 전유물이 아니라 표현의 시대에 자신을 가장 잘 드러내는 수단이 되었습니다. 무엇이 점잖고 진지함을 좋아하고 그래서 때로 무거움마저 주었던 우리의 견고한 정서의 벽을 헤집고 웃음을 들여놓게 했을까요? 위에서 아래로의 상향식 명령이 더 이상 통하지 않음을 알게 된 까닭일까요?

오랫동안 한 방향의 일방적인 소통만 가능했습니다. 이때는 상대방의 반응은 볼 필요가 없었습니다. 시키면 하면 되니까요. 그러나 이제 소통의 방식이 달라졌습니다. 일방향이나 상명하달이 아니라 쌍방향적이고 수평의 소통이 요구되는 시대에 딱딱하고 지엄한 소통은 통하지 않습니다. 부드럽고 유연한 소통을 원합니다. 이런 소통의 중심에 '웃음과 유머'가 함께합니다.

아이의 웃음감각을 키워라

바람과 해님이 내기를 했습니다. 지나가는 아저씨의 모자를 먼저 벗기는 것이었지요. 바람이 나섰습니다. 바람은 속으로 자신만만했습니다. 해보나 마나 자신이 이길 것이라고 여겼습니다. 바람은 자신의 강함을 믿었지요. 있는 힘껏 바람을 날렸습니다. 그러나 바람이 강하게, 좀 더 세게, 더 힘주어 노력할수록 아저씨는 모자를 양손으로 잡고 꾹 눌러 썼습니다.

이번에는 해님의 차례가 되었습니다. 해님이 반짝반짝 환하게 웃자, 아저씨는 모자를 벗었습니다.

동화 《바람과 해님》 이야기입니다. 유머와 웃음은 '해님'입니다. 강력하지 않아도, 권위를 휘두르지 않아도 부드럽게 지지를 이끌어내는 힘. 이것이 바로 사람과 사람 사이를 이어주는 해님, 즉 유머와 웃음입니다.

우리 아이들이 살아갈 세상은 누군가를 힘과 권위로 눌러 억지 승복하게 하는 '바람의 시대'가 아니라 부드러운 카리스마, '해님의 시대' 입니다. 그런데 이 유머감각과 웃음, 미소도 끊임없이 연습하지 않으면 결코 쉽게 얻어지지 않는 덕목입니다.

이 연습의 롤모델이 부모님입니다. 아이가 어릴수록 부모의 얼굴은 햇살같이 환해야 합니다. 아이를 바라볼 때 늘 미소를 머금으세요. 아이에게 온화하고 환한 목소리로 말을 거세요. 아이를 훈육하는 시간이 아니라면 부모는 잘 때조차도 입가에 미소를 잃지 않아야 합니다. 부모의 직분에 웃음은 필수입니다. 미소를 짓지 않는 부모는 직무유기를 하는 것입니다.

　부부가 말을 나눌 때도, 이웃과 대화를 할 때도, 전화통화를 할 때도, 물건을 구입할 때도, 길 가는 사람이 말을 걸어와도 항상 밝고 친절한 목소리와 표정이 필수입니다.

"저희 엄마아빠 모두 그러세요."
그러자 초원이의 친구 지연이가 맞장구칩니다.
"교수님, 초원이 부모님 완전 재밌으세요."
아, 수요일 오후 강의시간을 즐겁게 열어주는 에너지의 주인공, 초원이의 부모님이 재밌고 환했군요.

초원이는 장차 유아교육의 현장에서 선생님으로서 때로 아이들의 부모님 역할까지 해야 하는 예비 유아교사입니다. 유아교사에게 가장 필요한 스펙은 무엇일까요? 외국어 연수도, 불필요할 정도의 다양한 자격증도 아닙니다. 평소 부단히 연습해서 자연스럽게 몸에 밴 친절과 미소, 환한 표정입니다.

우리 아이가 수줍게 "선생님~!" 하고 부를 때 "네! 수연아, 선생님 불렀어요? 선생님이 도와줄 일 있나요?" 하며 밝고 친절하게 응대하는 교사가 우리 아이 선생님이면 좋지 않을까요?

이 시대는 긍정적인 리더를 원합니다. 긍정주의자는 미래를 낙관적으로 보는 힘을 가진 사람이며 현재의 즐거움과 기쁨을 유보하지 않습니다. 현재를 기껍게 받아들이고, 그 안에서 미래를 창조하게 하는 에너지가 긍정의 힘이고 이를 잘 표현하는 것이 바로 미소와 유머입니다.

수요일 오후 강의, 나른하고 자칫 재미없는 시간을 즐겁게 열어준 학생이라면 사물의 밝은 면을 볼 줄 아는 태도를 가졌음이 확실합니다. 이 학생은 사회에서 발휘할 교사로서의 리더십을 이미 갖추고 있습니다.

웃음은 유연성의 또 다른 이름

웃음은 또한 유연성의 또 다른 이름입니다. 딱딱한 것은 대체로 죽은 것입니다. 살아 있는 모든 것은 부드럽고 유연합니다.

우리 아이의 사고를 딱딱하게 정형화시키지 말고 유연하고 생기 넘치게 해주세요. 여기에서 비로소 창의성이 생기고 나아가 아이는 가늠할 수 없는 세상의 파도를 거칠다 불평 않고 유연하게 파도타기를 즐기며 인생을 살 것입니다. 이런 아이는 인생의 다양한 여정에서 어둡고 지난한 곳을 지나게 될 때도 밝고 살 만한 세상을 꿈꾸며 그 질곡을 헤쳐 나갈 것입니다. 비난과 불평보다 감사를 알고, 불행보다는 행복을 느끼려 할 것이며, 사람의 나쁜 점보다는 아름답고 좋은 점을 보며 행복한 삶을 살지 않을까요?

부모님, 지금 거울을 들여다보세요. 거기, 부모님의 얼굴이 웃고 있나요? 부모는 언제나 이 세상이 기쁨과 행복으로 충만하다는 느낌으로 아이를 대해야 합니다. 그래야 아이가 그 태도를 배웁니다.

> 부드러운 말로 상대를 설득하지 못하는 사람은 위엄 있는 말로도 설득하지 못한다.

체홉(Anton Chekhov)의 말도 문득 생각납니다.

점심식사를 하러 가다 전화가 와서 일행과 떨어져 전화를 받으며 화장실로 갔습니다. 그곳에는 여중생 두 명이 있었습니다. 한 명은 세면대 앞에서 예쁘게 모양 내고 있었고 한 명은 안쪽에서 옷을 갈아입고 있나봅니다.
그들의 대화에 저는 너무 놀라 상대방에게 양해를 구하고 전화를 끊어야 했습니다.
"야, 니네 엄마는 너 몇 시까지 놀래?"
"몰라, 그 미친 ○이 오늘은 웬일로 암 말 안 하던데?"
"우리 미친 ○도 맘껏 놀래. 웬일이지?"
어머나, 어머나 세상에. 어머나, 엄마보고…… 맙소사.
거울을 보던 저는 다리가 후들거렸습니다. 혹시나 눈이 마주칠세라 서두르는데, 저를 의식했는지 아이가 힐끗 보더니 화장실 문을 두드리며 친구에게 말했습니다.
"야, 누구 있어."
'누구'에 해당하는 저는 서둘러 나왔습니다.
가슴이 뛰었습니다. 믿을 수가 없었습니다. 제 엄마에게 아무렇지도 않게 욕을 하는 저 예쁜 아이들. 그리고 어른답지 못한 제 태도에 화가 났습니다. 이제 열다섯 혹은 열여섯 살의 소녀들에게 말 한마디는 해주어도 됐을 텐데……. 그저 놀라기만 한 제게 화가 났습니다. 스스로가 어처구니가 없었습니다.
어른답지 못했던 제게, 제 무책임에 깊이깊이 반성했습니다. 어른 노릇하기. 이것은 선택이 아닙니다, 의무입니다. 어른이 된 의무입니다.
아이들이 사는 세상에는 어른이 필요합니다.

04
어른의 말 한마디

어른은 어디에나 있어야 한다

어느 신문의 〈삶의 향기〉 칼럼이 떠오릅니다.

아파트 단지 안으로 들어서자 들린 여학생들의 '씨바, XXX, 지랄하지 말고 확 XXX'
그녀는 이런 애들을 만날 때마다 참견을 한다고 합니다.
"어머나 무서워라. 그런 흉한 말이 너같이 이쁘고 귀여운 애의 입에서 나와 깜짝 놀랐다."
그러자 옆에 있던 다른 아이가 이렇게 말을 받았다지요.
"이 X야, 좋겠다. 너보고 이쁘단다."

그녀는 또 말을 건넨다고 합니다.

"넌 뭔 짓을 했길래 이렇게 날씬하냐. 나중에 모델 해라. 근데 모델도 똑똑해야 하는 거 알지?"

두 여자아이들은 키득거리면서도 낯선 여자 어른의 칭찬을 마다하지 않았습니다. 아마 이 아이들은 각자의 집으로 돌아가 자신이 얼마나 귀엽고 예쁜지, 나중에 모델을 해도 될 만큼 날씬하고 멋진지 새삼 확인하지 않을까요? 그리고 잠시 스쳐 지나가는 어른의 몇 마디에 자신같이 예쁘고 귀여운 아이에게 어울리지 않는 욕 따위는 안 해야겠다고 생각하지는 않았을까요. 자신의 장점을 살려 좀 더 멋지고 아름다운 삶을 살아가기 위한 양분으로 삼을 수도 있겠지요.

살다 보면 누군가의 한마디가 인생을 바꾸고, 사노라면 책에서 읽은 한 줄의 문장이 자신의 삶을 송두리째 뒤집어놓을 수도 있습니다.

'운명'이라고 해도 과언이 아닐 누군가와의 만남, 누군가의 한마디! 우리 어른 모두는 그런 운명의 주인공이 되어야 합니다. 어른이라는 이유만으로 그래야 합니다.

앞의 에피소드에서 저는 어른답지 못했습니다. 지금 느끼고 있는 걸 그때도 느꼈더라면 달랐을까요? 제게 질문해봅니다. 왜 그 자리를 피했지? 당황해서였습니다. 그러나 어른답게 그 당황을 수습했어야 했습니다. 그런데도 왜 자리를 피했지? 말해봤자 소용없을 거라는 순간의 판단? 그 판단의 기준이 뭐지? '요즘 애들이 누구 말 듣나'라는 섣부른 편견? 무서워서? 부모도 못 고치는 걸 내가 어떻게? '아, 말자!'라는 포기? 아니면 그 아이들이 타인이라서? 그 아이들이 남의 아이라서?

생각할수록 얼마나 옳지 않았는지, 돌이켜 볼수록 후회만 남습니다. 그건 잘못한 행동입니다.

저도 칼럼의 필자처럼 이렇게 말했어야 했습니다.

"이렇게 예쁜 얼굴을 하고 그런 어마어마한 말을 하다니 깜짝 놀랐다, 얘."

아이가 꿈쩍도 안 하더라도 다시 어른답게 인내를 가지고 이야기해야 했습니다.

"너네 엄마는 아마 다른 엄마들한테 딸 칭찬하느라 침이 마를걸?"

내용이 어떻든 어른의 개입이 필요한 순간 끼어들어야 합니다. 사실 그 나이의 아이들은 사춘기 자신들의 세계에 몰입해 있어 전체를 보지 못합니다. 사춘기 아이는 개인의 세상에 빠져 쉽지 않은 시간을 보내고 있으며 같은 어려운 시기를 통과하고 있는 친구들에게 둘러싸여 지내니 토네이도 같은 소용돌이에 휩쓸리고 있는 셈입니다. 때로 '난 부모 욕도 할 만큼 쎈(센) 애야. 그러니 쉽게 보지 말라구!'라는 과시도 하고 싶을 수 있습니다. 그들은 욕하는 것이 자연스럽고, 안 하면 친구들과 대화를 할 수 없다고도 믿습니다. 즉 '나쁘다, 좋다'라는 객관적 기준이 없기에 이를 일깨워줄 누군가가 필요합니다. 그 누군가가 어른입니다.

가정에서는 당연히 부모가 책임을 지고 있습니다. 그러나 이 시기 아이들은 가정에서 지내는 시간 이상으로 바깥의 세상에 노출되어 있으니 가정 밖의 도처에 '스승'이 있어야 합니다. 그 스승이 우리 어른입니다. 아이들은 '자유'를 원하며 동시에 '관심'을 필요로 합니다. 자유만으로는 약육강식의 세상이 됩니다. 아이들은 자유와 절제 안에서 잘 자라야 할 권리를 가지고 있습니다.

'요즘 아이들!'이라고 탓하지 마라

'요즘 애들은……'

요즘 애들이라고 하며 말줄임표 사용하지 마세요. 그건 포기입니다. 또한 부모도 못 가르치는 애들이라고 하며 옆으로 밀치지 마세요.

'요즘 애들' 하며 안타까워하는 건 동서고금 마찬가지입니다. 동시대를 살아가는 모든 어른에게 아이들은 언제나 미숙하고 부족한 존재로 보입니다. 그렇다고 아이들 탓만 할 수는 없습니다. 미숙하기에 성숙한 어른이 함께해주어야 합니다.

"우리 때는 어른이 저 멀리서만 보여도 피던 담배를 슬그머니 내려 뒤에 숨기곤 했지. 아는 어른이라도 나타나면 무슨 죄짓다 들킨 사람처럼 얼른 버리고 비벼 껐어. 요즘 애들은……"

"우리 때는 욕하고 싸우다가도 어른이 지나가면 일단 멈췄지. 안 보이면 다시 시작하더라도. 그래야 하는 줄 알고 컸어. 요즘 애들은……"

'요즘 애들' 탓할 일만이 아닙니다. 문화가 그렇게 변했습니다. 익명이 보장되고 낯선 사람은 모두 타인이라고 여기며 개인의 자유를 추구하며 살았기에 요즘 아이들의 이런 성향은 너무도 당연합니다. 그렇기 때문에 '요즘 아이들'의 곁에 '요즘 어른들'이 함께해주어야 합니다. 무관심한 타인이 아니라 그럴수록 더 관심을 보여주는 어른이 이 시대가 필요로 하는 '요즘 어른'입니다.

"아, 당신이 뭔데……?"

눈을 치켜뜨며 아이들이 대들어도 당황하거나 뒤로 주춤 물러서지

마세요. 그리고 이렇게 말하세요.

"나? 어른이다. 왜? 됐냐? 그 손들 놔라. 싸우면 안 되는 거 알지? 알면 싸우지 마! 사이좋게 지내야지."

이럴 때는 곁을 지나는 다른 어른이 동조해주어야 합니다. 어른이라도 혼자 힘으로는 안 됩니다. 아이들이 '뭉쳐 싸우면' 어른들은 '뭉쳐 말려야' 합니다. 말리는 어른이 많을수록 좋습니다.

미국 뉴욕의 한 전철역에서 한인 남성이 떠밀려 철로로 떨어져 결국 열차에 치여 숨지는 사건이 발생했습니다. 눈 내리는 이 계절, 따뜻한 온정이 그리운 이 계절에 무관심이 부른 아프고도 끔찍한 기사를 접했습니다.

사건은 거기서 끝나지 않습니다. 현장에 있던 사람이 끔찍하게도 숨지기 직전의 이 남성을 찍었습니다. 그리고 〈뉴욕포스트〉지가 그 사진을 사서 1면에 실었습니다. '이 남성은 곧 죽습니다'라는 제목과 함께 말입니다. 22초간, 주변에 있던 18명 누구도 철로로 떨어진 남성을 도우려 하지 않았다고 합니다.

그가 '내 자녀'라면, '나'라면이라는 가정을 해보면 아찔하고 두렵습니다. 무심과 무관심이 오늘 이 순간 누군가를 방치하고 죽음에까지 이르게 하는 끔찍함으로 연결될 수 있습니다. '책임감 분산(어떤 사건을 목격한 사람 중 명확한 책임자가 없을 때 목격자의 책임감은 분산된다는 것)'과 '방관자 효과(주위에 사람이 많을수록 어려움에 처한 사람을 돕지 않게 되는 현상)'라는 용어를 거론하며 합리화할 일이 아닙니다. 특히 자녀양육에서는 책임을 회피해서는 안 됩니다. 우리 아이들은 어른들 모두가 공동으로 책임지며 보호하고 지켜야 합니다.

저도 무심했습니다. 부모의 욕을 하는 아이에게 어른으로서의 책임을 다하지 못했습니다. '내 일'이 아니라고 '내 아이'가 아니라고 지나친다면 '내 목숨', '내 아이의 목숨'이 위태로울 때 누군가도 도움의 손길을 내밀지 않을 수 있다고 한다면 억측일까요. 자녀양육에서는 '누군가는 하겠지'의 방관자적 자세가 아니라 '나 아니면 안 된다'는 책임감이 우선되어야 합니다. 책임감 있는 어른이 많을 때 '요즘 아이들'이 잘 자랍니다. 요즘 어른들의 거울이 요즘 아이들입니다.

당신은 다른 아이에게도 어른인가

'부모라면 어른이어야 한다'는 말을 글과 강연에서 자주 언급합니다.

"길에서 학생들이 싸우고 있습니다. 신고를 하려니 마침 휴대폰도 가지고 있지 않고 아이들이 좀 심하게 싸운다 싶습니다. 어떻게 하시겠습니까?"

만약 청중이 여성이라면 친절하게 이런 멘트도 덧붙입니다.

"마침 이 아이들이 여중생입니다."

어떤 답변이 나왔을까요? 보통 잠시 망설입니다. 그리고 거의 십중팔구 이런 답변이 돌아옵니다.

"그냥 지나가요."

그러나 열에 한둘, 이런 대답을 하는 분도 있습니다.

"말려야죠."

제가 얄궂게 더 묻습니다.

"이 아이들이 무섭게 싸운다면요?"

제 질문이 무색하게 돌아오는 답변.

"그래도 말려요, 애들이잖아요."

저는 얼른 화답합니다.

"고맙습니다. 어른이시군요."

저는 이런 분들을 만나면 진정으로 감동합니다. 어른이 있어 너무 고맙고 안심이 됩니다. 맑고 화사한 얼굴을 한 이 젊은 엄마의 용감한 발언이 저를 감동시킵니다. 그리고 제 고백을 합니다.

"저는요, 만약 부모교육을 안 했다면 그냥 가는 게 아니라 겁이 많다는 핑계로 도망치듯 자리를 피했을 거예요. 하지만 지금은 어떻게든 말리려 할 거예요. 알고 보면 이 아이들은 사춘기를 지나고 있을 뿐인 아주 예쁜 소녀들이에요. 이 아이들도 알 거예요. 자신들과 무관한 이 사람이 왜 끼어들었는지. 아무 사심 없는 관심과 사랑을 느낀다면 이 아이들도 변하지 않을까요?"

그런데요, 아빠들께 이 질문을 하면 거의 모든 분이 싸움을 말린다고 하네요. 정말정말 고맙습니다. 이 대목에서 성적인 불평등 발언 한 번 하겠습니다. 역시 남자들, 아빠들은 용감합니다. 멋집니다.

어른이 있어 아이의 미래가 밝다

어쨌든 아이들은 다투며 크고 욕하며 성장하고 싸우며 자랄 것입니다. 아직 미성숙하기 때문이지요. 그러나 이 아이들 곁에는 다행히 성숙한 우리 어른이 있습니다.

어른이 많으면 아이들이 아이답게 잘 자랄 것이라고 확신합니다. 어른이 어른답게 존재하면 아이들도 어른을 의식하며 바르게 성장합니다. 멀리서 어른의 그림자만 보여도 하던 욕 멈추고, 저기 어른의 소리만 나도 싸움을 그칠 것입니다. 생각만 해도 살맛 나는 세상입니다.

이 세상에 나이 든 사람은 많습니다. 이들이 말 그대로 어른이 되어 아이들 주위를 든든하게 둘러싼다면 이 안전하고 튼튼한 울타리 안에서 우리 아이들이 피해자나 가해자가 아니라 모두가 행복하게 자랄 것이라는 멋진 상상을 해봅니다. 이런 아이가 자라 대를 이어 다음 세대에게 더 멋진 어른의 역할을 할 때 대한민국의 미래는 아름답습니다. 어른이 있어 아이의 밝은 미래가 보장됩니다. 아이의 행복한 미래는 부메랑이 되어 우리 어른에게도 행복한 노후를 가져다줄 것입니다. 아이와 어른이 모두 행복해지는 것이지요.

지금, 주위를 둘러보세요. 제대로 된 어른 노릇 할 것이 있나 일부러라도 찾아보세요. 아이들을 챙기는 어른이 많을 때, '내 아이'가 안전한 세상에서 활짝 웃으며 자랍니다. 저의 슬로건처럼 내 아이, 남의 아이는 알고 보면 모두 내 아이입니다.

우리 부모가 꿈꾸는 세상을 만드는 어른의 말

준비됐나요? 목청 가다듬고요. 레디, 액션!
덩치 큰 고등학생 두 명이 열심히 싸우고 있습니다. 이곳을 지나던 몸집이 크지 않은 30대 중반의 남성.

어른 남성 (달려가며 큰 목소리로) 야, 멋진 친구들! 너희들 거기서 뭐해? 싸우냐? 떨어지지 못해.
남학생 둘, 깜짝 놀라 싸움을 멈추고
남학생 둘 (동시에 어른을 향해) 어, 죄송합니다.
남학생 둘은 목례를 합니다.
어른 남성 (두 명의 어깨를 두드려주며) 뭔가 의견이 안 맞았나보구나. 다 그렇게 크는 거야. 야, 너희들 힘이 남아돌지? 농구대에 가서 공 던지기 백 번만 해라. 겨루는 게 꼭 싸움만 있냐. 가봐라. 잘 커, 인마. 알았지?

이런 공익광고 같은 장면을 우리 어른들은 매 순간 찍어야 합니다. 가능하냐고요? 물론입니다. 어른을 어른으로 대접하는 것을 당연하게 알고 자란 아이들이기 때문입니다. 어른의 말씀은 귀 기울일 만한 가치가 있다고 여기며, 그렇게 가정교육을 받고 자란 아이들이기에 가능합니다. 남의 아이도 내 아이로 귀히 여기는 어른들 사이에서 자란 아이들은 세상의 모든 어른을 부모로 여길 테니까요.

   지금, 우리 아이들은 어른을 필요로 합니다. 우리는 부모니까, 부모는 어른이니까, 세상의 아이들은 우리 모두의 아이니까요.

폭력, 왕따에 대처하는 기본교육

1. 폭력은 철저히 '안 되는 것'으로 각인시켜라
누구도 언어로든 물리적으로든 상대를 해할 수 없다. 모든 생명은 존엄하다.

2. 욕을 허용하지 마라
욕을 청소년기 혹은 또래 사이에서의 의사소통이라고 관대하게 여기지 마라. '배설'과 '카타르시스'를 욕으로 해결하게 하지 마라. 의미도 모르고 사용하는 것이고 때가 되면 알아서 안 한다고 가볍게 여겨서도 안 된다. 욕은 정서를 해친다. 습관이 되기 쉽다. 욕은 가장 비겁한 언어 표현이며, 가장 저급한 감정 표출임을 어려서부터 알게 하자.

3. 아이와 위급상황에 대처하는 방법을 이야기하라
때론 위험하고 위급한 순간도 생길 수 있다. '안전대피 훈련'이 정규 교육과정에서 행해지듯, 유아교육기관에서 '유괴 예방교육'을 하듯, 가정에서도 아이들과 함께 위급한 순간에 어떻게 대처해야 할지 그 방법을 논의해라.

4. 실질적인 대책을 세워라
아이에게 위급 시 사용할 수 있는 호루라기 등 신호 가능한 무언가를 주어라. 휴대폰의 긴급 시 사용할 수 있는 기능도 관심 갖게 하라.

신록이 아름다운 5월의 아침, 다른 날보다 일찍 유치원에 등원한 승은이가 선생님께 달려오다시피 와서 안깁니다.
"선생님, 안녕하십니까?"
예쁘게 인사를 하더니 수수께끼를 내는 듯한 말투로 물어봅니다.
"선생님임~ 오늘 저 왜 일찍 왔게요~~~?"
"글쎄요? 우리 승은이가 오늘은 일찍 왔네요. 왜 일찍 왔을까? 선생님도 궁금한데요?"
모를 줄 알았다는 듯한 승은이의 생글생글 웃는 얼굴.
"네에, 그건요, 제가 할머니 집에서 자서 그래요."
"어, 승은이, 할머니 댁에서 잤어요?"
"네에, 할머니 집에서 잤어요. 왜 잤~게~요?"
"글쎄요? 왜 할머니 댁에서 잤을까요? 선생님도 궁금한데요?"
"왜냐면 어제 우리 아빠 다쳤어요. 그래서요, 지금 아빠 병원에 있어요. 엄마도 같이요. 그래서 오늘 할아버지가 저 유치원에 데려다줬어요."
"어머, 아빠 다치셨어요? 왜요?"
"있죠, 어제요."
승은이가 선생님의 귀에 소곤거립니다.
"어제요, 아빠가 뛰다가 넘어졌어요. 근데요, 큰일 날 뻔했대요. 차에 치일 뻔했어요."

05
노블레스 오블리주, '미안해'의 위력

좋은 본보기가 되어주는 부모

　어제 승은이네 가족은 나들이를 갔답니다. 그런데 아빠가 다쳤습니다. 물을 사러 편의점에 가다가 도로에서 넘어진 것입니다. 무단횡단이었답니다. 승은이 말대로 큰일 날 뻔했습니다. 이런 사실(무단횡단)을 얘기하려니 승은이는 비밀이라는 듯 선생님 귀에 소곤거린 것입니다.
　승은이의 뒷 얘기입니다.
　"근데요, 선생님. 제가요, 아빠께 횡단보도로 건너야 한다고 말씀드렸더니 아빠가 저한테 약속하셨어요. 담엔 제 말 잘 듣겠대요. 그리고요, 미안하다고 했어요. 담엔 꼭 횡단보도로 다니기로 약속했어요."
　승은이가 덧붙였습니다.

"선생님, 아빠가요. '우리 승은이가 진짜 멋진걸' 그러셨어요."

부모라면 한 번씩은 들어봤음직한 아이들의 훈계, 당황스럽지만 '언제 이렇게 컸나?' 하는 대견한 생각도 동시에 듭니다. 아이들은 자신이 배운 대로 실천하지 않는 누군가를 보면 제법 옳은 소리를 하지요. 그러나 어른은 바로 인정하기보다는 그 순간을 모면하려고 서둘러 변명합니다. 마치 그것이 어른의 특권인 듯 말하며, 어른의 '나쁜 융통성'을 합리화하지요.

"바빠서 그래. 미안해. 다음엔 안 그럴게, 지금만."

이렇게 말한다면 그래도 꽤 괜찮은 부모에 속합니다.

무단횡단을 하면서 '안 된다'고 엉덩이를 빼는 아이를 끌며 어떤 엄마는 이렇게 말합니다.

"엄마랑 같이 있을 때는 괜찮아. 뛰면 돼."

엄마는 어른이니까 전후상황 다 파악해서 위험한 곳을 피해가니 엄마랑은 무단횡단도 괜찮다는 것입니다.

"아, 빨리 뛰어. 왜 이렇게 말이 많아, 얘가. 빨리 뛰어. 위험해."

이러면서 애를 잡아끕니다. 위험한 줄 알면서 애 손을 잡고 뛰는 부모에게 끌려가는 아이는 어떤 생각을 할까요? 이게 세상 사는 방법이구나. 혹은 이게 융통성? 이건 아닌데? 우리 선생님이 횡단보도로 건너라고 했는데? 그렇게 배웠는데……

심지어 아이들은 횡단보도를 건널 때 어떻게 해야 하는지 동요로도 배워 부릅니다.

건너가는 길을 건널 땐 / 빨간불 안 돼요…… / 초록불이 돼야죠.

아이가 정서적 혼란과 불안을 느끼게 하는 것은 좋은 인격을 형성시키는 데 큰 장애물입니다. 우리 아이는 지금 인격을 다듬어가는 시기임을 부모는 잠시도 잊어서는 안 됩니다. 이 시기에 만들어지는 인격이 바람직한 친구관계를 이루는 데 바탕이 되고 아이의 사회생활로도 연결됩니다.

실수를 인정한 승은이 아빠, 비록 잘못은 했지만 승은이에게 많은

것을 보여주었습니다. 위험한 일은 하면 안 된다는 것, 약속은 꼭 지켜야 하며 공중질서는 우리 모두의 안전을 위해 반드시 따라야 한다는 것을 가르쳤고, 또한 '잘못을 했을 때는 인정할 줄 아는 것'을 알려주었습니다. '잘못했어, 미안해!'라고 말할 수 있을 때 사람은 진정한 인격을 갖춘 것입니다.

아빠와 엄마가 병원에 있는 상황에서도 승은이의 표정이 밝았던 이유는 아빠의 말 때문이었습니다. 아빠의 말이 아이의 기를 살려주었습니다. 만약 "시끄러워, 아빠 지금 아픈데 저리 가"라고 했다면, 승은이의 표정은 어둡고, 기도 꺾였을 것입니다.

같은 상황이라도 아이에게 교육적인 모습을 보일 수도, 아이를 무질서와 인격적 혼란에 빠뜨릴 수도 있는 것이 바로 '부모님의 말'입니다.

마법의 말, '미안해, 고마워, 사랑해'

언젠가 저와 '외국인을 위한 한국어 교재'를 공동 집필한 영어 교수님의 강의에 청강을 하러 간 적이 있습니다. 강의 중 그 교수님이 학생들에게 영어를 잘하는 비법을 가르쳐준다고 해서 제 귀도 솔깃한 적이 있습니다.

뭘까? 영어를 잘하는 비법은?

아주 간단했습니다.

"쏘리(Sorry)와 플리즈(Please), 익스큐즈 미(Excuse me), 탱큐(Thank you)를 잘 사용하세요."

이어 부연설명을 했지만 저는 벌써 이 몇 단어에 매료되었습니다.

'미안해, 고마워, 사랑해'를 자주 사용하고 표현하라!

그동안 제가 얼마나 강조한 말이었는지요. 강조를 했다는 것은 우리가 이미 알고 있지만 그만큼 잘 사용하지 않았다는 의미가 숨어 있는 것입니다. 앞의 영어 표현들과 우리의 '미안해, 고마워, 사랑해'가 꼭 같은 말은 아니더라도 마음을 드러내는 좋은 표현이라는 것은 일치합니다.

우리의 정서에 이런 표현은 아직 참 그렇습니다. 어색하기도 하고, '말 안 해도 다 알아주겠지' 하는 이심전심을 기대하는 마음 등으로 우리는 이 말들을 너무 아끼는 나머지 자주 생략합니다. 그러니 영어에서 그 어려운 문법과 회화를 배우고 나서도 정작 유치원생도 아는 쏘리와 플리즈, 익스큐즈 미를 사용하지 않아 정서 표현에 인색한 사람으로 비치는 건 아닐지요.

언어는 '뒤집어 보일 수 없는 인간의 깊고 오묘한 마음을 보여주는' 최고의 수단입니다. 그리고 이 세 단어는 사람의 마음을 움직이는 마법의 말이며 아이러니하게 이 간단한 단어조차 많이 연습해야 잘 나옵니다.

"미안해."

특히 나보다 어리거나 약자라고 여겨지는 타인에게 좀처럼 사용하기 어려운 말, 미안해. 자녀에게 실수를 인정하며 미안하다는 말을 한 아빠는 그래서 멋진 인격의 소유자입니다.

"고마워."

이 말은 굳이 말하지 않아도, 상대가 내 표정만 보고도 안다고 생각해서 흔히들 생략해버립니다. 도움을 받았는데도 이 말을 하지 않는 아이들도 많습니다. 가정에서 부모님이 자주 써주세요.

"사랑해."

정말 입 밖으로 꺼내기 쑥스러웠던 말, 사랑해! "나 사랑해?"라고 물으면 "굳이 말해야 해?"라고 되묻던 정서를 가진 우리였습니다. 그냥 짧게 "응"만 해도 될 것을 그것조차 멋쩍어서 표현하기 어려웠지요. 그러나 시대가 변했고 사람들이 바뀌었습니다. 물론 마음 깊은 곳에서의 어색함은 어쩔 수 없어 보이기도 합니다. 방송매체에서 70, 80대 노부부끼리 뽀뽀하며 '사랑한다'고 표현하는 모습이 자주 보이지만, 왠지 연출된 것 같은 이유는 평생 그 말을 가슴에만 안고 표현하지 않았던 분들이기에 그런 것 같습니다. 어찌 보면 사랑이 난무하는 세상에서 살아가는 듯하지만, 그래도 아직은 사랑한다는 말이 그런지 대학생들도 "스름흔든('사랑한다'를 이 악물고 표현한 거랍니다)"이라는 우스꽝스런 표현을 대신 사용하기도 합니다.

들어도 들어도 행복하고 따뜻한 말, 가슴을 울리는 말, '사랑해'를 좀 더 많이 아낌없이 표현해주세요. 그러면 우리 아이들은 이를 악물지 않고도 제대로 말할 것입니다. "사랑해"라고요.

노블레스 오블리주의 인격을 키우는 말, '미안해'

부모가 실수하고 잘못했을 때 아이에게 바로 인정하는 '미안해'는 정말 말하기 어렵습니다. 싫다기보다는 인정은 하되 말로 하기가 힘든 것입니다. '자식한테……'라는 생각이 이 말을 순식간에 쏘옥 들어가게 합니다. '미안해'라고 말하면 부모의 권위가 떨어지는 것 같습니다.

자주하는 이야기인데 아이는 부모가 가르치는 말에는 귀를 기울이지 않습니다. 아이를 가르치려고 하지 마세요. 특히 부모자녀의 관계에는 객관적인 거리가 없어 가르치는 일이 더 어렵습니다. 오죽하면 직업이 선생님인 부모도 자신의 아이는 못 가르치겠다고 하겠습니까.

부모가 평소 '보여주는 것'이 가르치는 것입니다. 엄마아빠가 자녀에게 보여주는 태도와 행동을 통해서, 다른 이들과의 관계를 통해서 보여주고 들려주며 알려주는 것입니다. 특별히 정해진 시간에 가르치고 배우는 게 아니라 아이는 매 순간 생활 속 부모의 모습을 통해 저절로 배웁니다. 책상 맞대고 가르치고 배우는 것이 아니라 시나브로 물드는 것이 인성교육입니다.

사춘기를 겪고 있는 내 아이한테 "너, 아빠한테 그 태도가 뭐야? 버르장머리 없이!"라고 야단칠 일이 없었으면 좋겠습니다. 태도는 아빠와 엄마로부터 배운 것입니다. 아이를 보면 부모가 보입니다. 내 아이의 모습이 바로 부모, 나의 평소 모습입니다.

내 아이를 살펴보세요.

이 아이가 내 친구라면 '괜찮은 친구'인가.

내 아이를 보고 상상해보세요.

이 아이가 내가 가르치는 학생이라면 '괜찮은 학생'인가.

내 아이를 보고 이런 가정을 해보세요.

이 아이는 내가 '이웃하고 싶은 사람'인가.

내 아이를 보고 생각해보세요.

이 아이가 사회에서 인정받고 필요로 하는 아이인가!

자신들이 롤모델이 되어 잘 키우고 싶은 부모님, 그러나 부모도 사람이 분명하기에 혹시 실수를 했다면 아이에게 바로 인정하세요.

'미안해. 엄마가 잘못했어. 다음엔 좀 더 조심할게.'

자녀를 향한 '고마워, 사랑해'는 어느 정도 들려오지만, 아직 부모의 잘못을 인정하는 소리는 듣기 어렵습니다. 다시 강조하건대 약자에게, 특히 어린 자녀에게 부모 스스로 잘못을 인정하는 행위는 진정한 인격을 보여주는 큰 교육입니다.

불필요하게 아이 기 살려주고, 아이를 갈팡질팡하게 만드는 과잉 사랑은 즉시 멈추고, 세상이 원하는 올바른 잣대, 인격을 보여주세요.

무단횡단으로 다친 승은이 아빠, 그러나 아빠의 전화위복 능력에서 한 수 배웠습니다.

아빠의 약속을 이야기하며 으쓱해하는 승은이의 얼굴이 다시 떠오릅니다. 승은이는 잘 다듬어진 인격으로 자랄 것입니다. 옳고 그름을 구분하는 능력은 법과 규율을 강조하는 사회로부터 잘 배울 것 같지만 사실은 가정에서 부모로부터 가장 잘 습득할 수 있는 덕목이니까요.

부모가 실수했을 때

1. **아이 앞에서 실수했을 때 즉시 인정한다**
   - 엄마(아빠)가 실수를 했어.
   - 엄마(아빠)가 생각을 잘못했네.
2. **그다음엔 사과한다**
   어린 자녀의 경우 부모의 잘못한 행동과 일에 대해 구체적으로 언급하며 사과한다. 부모도 아이가 잘못했을 때 두루뭉술하게 인정하고 넘어가면 똑바로 말하길 바라듯 아이에게도 부모라는 체면을 내세워 대충 넘어가면 안 된다. 그건 불공정한 관계와 고압적인 태도를 가르치는 것이다.
   - 이번 일은 엄마가 잘못한 것 맞아. 아까 네 말을 들었어야 했는데 엄마가 고집을 세웠구나. 아무리 어른이지만, 어른 주장만 한 건 바람직하지 않았어. 미안해.
3. **자녀가 초등 고학년 이상이면 부모의 실수를 길게 설명하지 않고 바로 인정하고 사과한다**
   이 시기 아동은 부모가 구구절절 이야기하지 않아도 이미 부모의 실수내용을 알고 이해한다.
   - 미안해. 이번 일은 엄마가 실수했네.

공감하며 말하기

어긋난 대화, 빗나가는 사랑

사람은 누구나 자신을 알아주는 사람을 좋아합니다. 친구와 동료의 좋은 점을 제대로 칭찬하지 못하는 사람이 어떻게 다른 사람의 인정을 받을 수 있겠습니까? 심지어 자신의 감정을 제대로 표현하지 못하고 오히려 반대로 말하는 사람도 있습니다. 공감을 나누지 못하는 이와 가까이하고 싶은 사람은 드물 것입니다.

공감을 잘한다는 게 그때그때 느끼는 내 감정을 거르지 않고 표현한다는 의미는 아닙니다. 공감능력은 타인의 감정을 알아주고 존중하며 자신의 느낌도 상대를 고려하며 정확하게 표현할 줄 아는 것입니다.

엄마는 컵케이크를 세 시간에 걸쳐 열심히 만들었습니다. 하교시간에 맞춰 아이가 좋아하는 딸기셰이크도 준비했습니다. 초인종 소리가 들립니다. 엄마는 신이 나서 현관문을 엽니다.

"어서 와, 딸. 엄마가 뭐 만들었게?"

엄마는 딸을 반기며 마치 소녀처럼 퀴즈를 내고 즐거워하는데, 아이는 무뚝뚝하게 엄마를 슬쩍 밀치듯 안으로 들어서며 말합니다.

"몰라. 말 시키지 마!"

소파에 가방을 던지듯 놓고는 털썩 주저앉습니다. 엄마도 기분이 살짝 안 좋아집니다.

"왜애? 맛있는 냄새 안 나? 엄마가 컵케이크 만들었는데…… 딸기셰이크도."
"안 먹고 싶단 말이야. 그게 문제가 아니라구."
"뭔데? 오늘 또 무슨 일 있었는데?"
"엄만 맨날 '또'래."
"그래 알았어. 뭔데, 말해야 알든지 할 거 아냐."
"엄마, 경민이 있지, 내 친구. 걔가 내 샤프 빌려갔는데 글쎄 샤프에 달린 지우개를 써서……. 있지, 지우개가."
아이는 가방 속을 뒤지며 필통을 꺼냅니다. 그 순간 엄마가 벌떡 일어나며 말합니다.
"난 또 뭐라고. 알았어. 빨리 손 씻고 간식 먹어. 셰이크 다 가라앉았겠다."
"안 먹어. 엄마나 다 먹어."
아이가 벌떡 일어나 제 방으로 가더니 방문을 '꽝!' 닫습니다.

    엄마의 애틋한 정성이 물거품이 된 순간입니다. 무엇이 문제일까요? 아이는 좋아하는 딸기셰이크도 외면한 채 방문을 쾅 닫고 들어갔습니다. 그 모습을 바라보는 엄마의 마음은 어땠을까요? 자녀가 학교에서 돌아오면 주려고 정성껏 만든 컵케이크와 딸기셰이크가 식탁에서 엄마와 함께 외롭기만 합니다. 그리고…… 기가 막힙니다. 세 시간이나 정성들여 자녀를 향한 사랑의 작품을 만들었는데 아이로부터 고맙단 인사조차 못 들었습니다. 속상합니다.
    그러나 기막혀도 속상해도 하지 마세요. 아이가 크면서, 배우면서 변할 거예요. 엄마의 고마움, 부모님의 은혜를요. 그런데 엄마부터 대화의 방법을 바꿔보면 어떨까요? 아이가 훨씬 빨리 그리고 긍정적으로 변할 것 같습니다.
    간식을 만들어놓고 기다린 엄마한테 아이가 한 첫 마디는 "몰라, 말 시키지 마!"였습니다. 이때 엄마는 "왜애? 맛있는 냄새 안 나? 엄마가 컵케이크 만들었는데…… 딸기셰이크도."라고 응수를 했지요. 그러나 지금 잔뜩 화가 난 아이는 그 말에는 아랑곳하지 않습니다. 이때는 아이의 기분, 즉 감정을 알아주는 것이 먼저입니다.
    "에구, 우리 딸 왜 이렇게 화가 났지? 무슨 일 있었어? 엄마가 궁금하네."
    이렇게 아이의 감정 상태(화 난 것)를 인정하고 엄마는 적극적으로 네 이야기를 들을 준비가 되어 있음을 아이에게 알려줍니다. '다가가기'입니다. 감정에 다가가고 상황을 들을 준비, 즉 경청의 자세로 돌입하는 것입니다. 그러면 아이는 자신의 감정을 알아주는 엄마한테 마음이 놓이며 기분을 가라앉히게 됩니다. 그런데 엄마는 당신의 감정을 먼저 내세웠습니다.
'뭔데? 왜 그러는데? 지금 엄마는 간식 만들어놓고 너 기다린 건데. 네 태도가 그게 뭔데?'
이런 느낌이 가득합니다. 아이는 자신이 받아들여지지 않으니 계속 엇나가는 말을 합니다. 어긋난 대화는 사랑도 빗나가게 합니다.

'또'라고 물어보는 건

"뭔데? 오늘 또 무슨 일 있었는데?"라고 물어보는 것은 그 문제를 가볍게 취급하거나 자칫하면 아이를 말썽쟁이로 여기는 듯한 느낌을 줍니다.
'뭐야? 또 문제 있어? 왜 그렇게 맨날 문제가 있어. 너에게도 문제가 있으니까 그런 일이 일어나는 거 아냐!'
이런 의미가 살짝 들어 있지는 않은지 부모의 언어습관을 점검해야 합니다.
"무슨 일 있었어? 엄마한테 얘기해줘. 궁금해. 네 얘기 듣는 게 먼저인 것 같다."
이 말에는 엄마가 만든 간식도 중요하지만, 네 마음이 더 중요하다는 의미가 들어 있습니다. 이것이 '존중'입니다. 건성으로 물어보지 마세요. 딸기셰이크가 가라앉아서 맛이 조금 덜 해도 아이의 맘속 응어리가 풀어지는 것이 우선입니다.
여학생들은 문구류나 필기류 등 팬시용품에 애착이 많습니다. 엄마에게는 '그깟 일'로 치부되는 것이 아이에게는 아끼는 물건을 타인이 함부로 다룬 중요한 문제입니다. 아이에게 중요한 일이 엄마에게는 '별것도 아닌 걸 가지고'라는 반응으로 돌아오면 아이는 자신의 감정이 별것 아닌 것으로 취급됨에 대한 무안함과 거부당했다는 부정적 느낌을 크게 받게 됩니다.
자신의 느낌을 솔직히 표현했다가 무안이나 거절을 당하면 아이는 감정 표현에 서툴러지고 이것이 쌓이면 사회적 상황에 맞는 적절한 대응을 하지 못하게 됩니다.

부모와 자녀는 백아와 종자기

자신의 음악을 알아주는 종자기가 죽자 거문고 줄을 끊어버린 백아. 부모는 아이의 감정을 알아주는 종자기 같은 존재가 되어야 합니다. 그런 부모에게서 성장한 아이는 상대방의 감정을 존중하고 헤아리는 능력을 갖게 됩니다. 이는 부모와 자녀 관계뿐만 아니라 바람직하고 성공적인 사회생활과 인간관계 전체를 가름 짓는 중요한 요소이기도 합니다.

"해도 해도 집안일은 끝이 없어, 표시도 안 나고."

"그럼 그만해. 해도 표시 안 나면 안 해도 표 안 나겠네."

아내의 말에 남편이 이렇게 대꾸하면 매력 없습니다. 아내의 마음을 몰라도 너무 모르는 남편입니다. 아내는 해도 해도 끝이 없는 집안일이 힘드니 안 하겠다는 것이 아니라 이 어려움을 남편이 알아주었으면 하는 겁니다.

"에이, 이놈의 회사 그만둬야지!"

퇴근해 돌아온 남편이 불만스런 목소리로 이렇게 말했을 때는 어떤 반응이 좋을까요?

"또 그런다. 그만두지도 못할 거면서. 왜 그래, 자꾸 불안하게. 그만두려면 그만둬. 무슨 남자가 의지박약이냐. 누군 안 치사한가. 다 참고 사는 거지."

또박또박 논리적으로 대드는 아내, 이 또한 매력 없기는 마찬가지입니다. 이런 답변을 듣자고 말한 게 아니거든요. '여보야, 나 힘들다' 그러니 이런 마음을 알아달라는 것이지요.

"우리 자기, 무슨 일 있나보네. 힘들어요?"

이러면서 살며시 남편을 안아주는 아내여야 합니다.

상대의 마음을 어루만지는 마음의 스킨십을 할 줄 안다면 분명 사랑스런 배우자입니다. 우리가 누군가를 향해 내 감정을 말했다면 그건 그 감정을 분석해서 비판해달라는 요청이 아닙니다. '내 마음을 알아줘'입니다. 단지 들어만 주어도 참 좋은 대화, '마음을 알아주는 대화'가 됩니다.

자녀에게 부모님은 내 마음을 알아주는 존재여야 하지요. 그래야 우리 자녀가 인생을 살면서 행복한 인간관계를 만들며 누군가에게 또다시 백아가 되고 종자기가 되어줄 수 있으니까요. 부모님이 자녀의 마음을 존중하며 알아줄 때 자녀도 그렇게 자랍니다. 백아에게는 종자기가 단 한 명이었지만, 우리 자녀에게는 '세상이 나를 알아주는 사람들로 가득'해야 행복합니다. 그런 마음을 갖는 기초는 부모로부터 다져집니다. 아이의 감정을 알아주고 공감해주세요. 훈계와 바른말은 그다음에 해도 충분합니다.

내 맘을 알아주는 부모

특히 어린 자녀는 부모가 세상의 전부이기 때문에 자신의 마음을 알아주는 부모를 통해 세상을 바라봅니다. 장난감을 사달라고 떼쓰는 아이에게 엄마가 안 된다고 하자 아이가 바로 소리칩니다.

"엄마 미워."

엄마가 바로 낚아채듯 대꾸합니다.

"어디다 그런 말을 해, 엄마한테. 엄마가 왜 미워, 응? 있는 장난감 사달라고 하는 네가 더 미워. 다시는 데리고 다니나봐라."

"엄마, 미워. 엄마, 바보!"

엄마가 아이의 마음을 이해해주려면 이렇게 해석하면 됩니다.

'엄마, 나 사랑받고 싶어. 그런데 장난감도 갖고 싶어. 장난감 사달라고 해서 엄마가 나를 미워할까봐 겁이 나.'

아이도 자신이 억지 부리는 걸 알지만 장난감이 갖고 싶었는데, 장난감은 갖지도 못한 채 비난만 잔뜩 들었으니 마음이 복잡합니다. 이 어린아이는 복잡한 마음을 달리 표현할 언어적 능력이 없습니다. 그래서 나온 말이 '미워, 바보'였지요.

그러나 아이의 이면에는 장난감을 사달라고 떼 부린 자신을 엄마가 미워할까봐 겁이 난 마음도 크게 자리하고 있습니다. '엄마 미워' 하는 말에는 '엄마가 나를 미워할까봐 걱정돼요. 떼 부린다고 바보로 여기면 어쩌지요?'라는 마음도 있습니다. 이것을 읽어주세요.

"엄마가 미워? 엄마는 우리 딸이 참 좋아. 가끔 떼 부려도 엄마는 여전히 네가 좋아."

비록 원했던 장난감은 얻지 못한 채 꾸중을 들었지만, 게다가 엄마한테 '바보'라고 하는 실수까지 했지만 엄마가 자신의 본마음을 알아준 것만으로도 아이는 안심을 합니다. 안심을 해야 아이가 정서적으로 안정된 발달을 합니다.

자신의 감정을 존중받지 못한 사람이 어떻게 타인의 기쁨과 슬픔 등 다양한 감정을 이해하고 공감하며 '함께'할 수 있겠습니까? 타인에 대한 공감능력은 '사회성'과 긴밀하게 연결되어 아이가 자신의 일을 사랑하며 타인과 원만한 관계를 맺는 데 큰 지지대가 됩니다. 자녀의 공감능력은 부모의 태도로부터 시작되고 부모의 말로부터 전달됩니다.

아프냐, 나도 아프다

드라마의 명대사, '아프냐, 나도 아프다'는 공감능력을 설명하는 데 참 적절합니다. 다른 말이 필요 없습니다. 네가 아프면 나도 아픈 겁니다.

'딸아, 속상하니? 네가 속상해하니 엄마도 속이 상해. 자, 엄마한테 얘기해주렴. 같이 나

누자.'

'그랬어? 그랬구나. 그래서 네가 기분이 나빴구나.'

이렇게 먼저 감정을 알아주는 것만으로도 충분히 위로받게 됩니다. 감정에 공감해주었고, 소중하게 여겨주었기에 아이는 그 아픔과 속상한 일을 통해 부쩍 성장합니다.

"뭐 그깟 일 갖고 그래. 엄마는 큰일 있는 줄 알았네. 어서 손 씻고 와. 엄마가 맛있는 간식 만들어놨어."

아이가 아끼던 샤프를 친구에게 빌려주었는데 친구가 지우개를 쓰는 바람에 지우개가 짓뭉개졌고 짓뭉개진 지우개만큼이나 아이 마음도 뭉개졌는데, 엄마가 그깟 일이라고 하면 아이는 감정을 무시당한 것입니다. 감정을 이해하는 데 '그깟 일'은 없습니다.

공감능력이 좋은 사람은 측은지심이 있습니다. 불쌍한 사람을 돕고 싶어 하며 도움이 필요한 사람에게 손을 내밀며, 도와줄 수 있는 스스로에게 기뻐하고 행복해합니다. 이런 사람을 덕이 있다고 하지요. '덕이 있다'는 말은 일찍부터 있어왔지만, 지금 우리 시대 그리고 미래가 원하는 인재가 바로 이런 '덕을 갖춘 사람'이라는 데 동의할 것입니다.

우리 아이가 좀 더 많은 미덕을 갖춘 사람이 되는 데는 부모님의 역할이 큽니다. 먼저 아이의 말에 귀 기울여주고 공감하며 대화해주세요. 우리 아이의 사회성과 정서발달이 부모님의 공감과 그것을 표현하는 말로부터 시작됩니다.

Part 04

자녀교육의 열쇠,
행복한 가정

2012년 12월 14일(현지 시각), 미국 코네티컷 주 샌디훅 초등학교에서 충격적인 총기난사사건이 일어났습니다. 이로 인해 예닐곱 살 아이들과 범인 포함 28명이 사망을 했습니다. 신문은 이를 '통곡하는 미국'이라는 제목으로 기사화했습니다.
미국은 큰 충격에 빠졌고, 오바마 대통령은 침통한 표정과 비통한 목소리로 애도성명을 발표하며 눈물을 흘렸습니다.
"극악무도한 참사에 경악을 금치 못하고 있습니다…… 희생당한 사람들의 미래가 없어진 게 너무 가슴이 아픕니다."
후진타오 중국 국가주석, 블라디미르 푸틴 러시아 대통령, 캐머런 영국 총리, 반기문 유엔 사무총장 등이 애도를 표했고 좀처럼 공개발언을 하지 않는 영국 엘리자베스 2세 여왕도 오바마 대통령에게 직접 서한을 보내 '많은 아이들이 희생돼 큰 충격을 받았고 슬프다'고 했습니다.
총기 난사범은 20세의 애덤 랜자로 자폐증을 지녔던 외톨이 우등생이었던 것으로 전해졌습니다. 랜자와 고등학교를 같이 다닌 급우들은 그에 대해 이렇게 말했습니다.
"다른 사람과 어울려야 하는 상황에 매우 불편해했다."
"성적이 좋았다."
그는 평소 혼자였고, 비디오 게임을 즐겼다고 합니다.

어느 은둔형 외톨이가 일으킨 참사

외톨이, 인격장애, 그리고 총기난사사건

'인격장애 외톨이'의 무차별 총격에 어린이 20여 명이 살해되는 최악의 참사가 발생했다…… 범인 애덤 랜자는 이에 앞서 집에서 어머니를 살해했고, 학교에서 범행을 저지른 후 스스로 목숨을 끊었다. 28명이 사망한 이 사건은 '버지니아텍 사건' 이후 미국에서 발생한 총기참사 중 가장 큰 규모다. 경찰은 성격장애를 앓던 범인의 화풀이 범행으로 보고 있다.

모든 신문은 "울어버린 오바마, 미 전역에 조기, 엄마들은 살아남은 아이들을 꼭 껴안고 밤을 보냈다, 범인은 중산층 우등생, 엄마의 취미는 총기 수집, 범행 전날 말다툼을 벌였던 교직원 4명 중 3명 사살, 아이들을 향해 3~11발씩 무차별 난사, 3분도 안 돼 모두 당했다"며 이 사건을 1면으로 다루었습니다. 이튿날에는 "범인은 컴퓨터 게임광에 은둔형 외톨이였다. 고교 시절 칼과 창 등 무기로 대결하는 다이너스티 워리어라는 폭력적인 전쟁 게임을 즐겼다"라고 좀 더 구체적으로 그를 묘사했습니다.

코네티컷 주지사는 이 사건을 두고 "성탄을 앞두고 악마가 찾아왔다"고 했습니다.

무차별 공격으로 표출된 '반사회적 인격장애'

누군가는 그의 이런 범죄를 아스퍼거(asperger) 증후군 때문이라고 했습니다. 이 증후군은 자폐증처럼 대인관계에 문제를 보이지만 언어 기능과 지능은 정상이기에 어렸을 때는 잘 드러나지 않고 때로는 특정 분야에서 뛰어난 능력을 나타내기도 합니다. 아스퍼거 증후군을 갖고 있는 사람은 공격적이기보다는 위축 성향을 보이는데 그 때문에 대인관계에서 감정의 상처를 훨씬 더 깊게 받아들여 학교생활에 잘 적응하지 못하고 왕따가 되는 경우가 많습니다. 랜자도 부적응을 보이며 중학교를 중퇴했다고 합니다.

이 사건이 타인에 대한 초공격성을 보였다는 점에서 다른 전문가들은 랜자의 범행 원인은 '아스퍼거 증후군'이 전부는 아니라고도 보았습니다.

한국의 신문들도 앞다퉈 분석에 들어갔는데 한 의학 전문기자는 "랜자가 이혼한 엄마와 같이 지내면서 학업이나 사회적응과 관련해 심각한 상처를 입었고, 그것에 대한 반감이 반사회적 인격장애와 결부돼 엄청난 범죄를 저지른 것으로 보인다."며 "랜자가 어린 학생을 범행 타깃으로 삼은 것은 반사회적 인격장애인들이 범죄를 저지를 때 주로 자신이 제어하기 편한 약한 상대를 찾는 것과 같은 맥락으로 보인다."는 서울대 소아청소년 정신과 김붕년 교수의 말도 함께 실었습니다.

그렇다면 애덤 랜자가 상상할 수조차 없는 범죄를 저지르게 한 요인은 과연 무엇이었을까요?

부모교육의 관점에서 볼 때 이는 아빠 부재, 대인관계의 어려움, 왕따 등이 '반사회적 인격장애'와 손잡은 것입니다.

랜자는 샌디훅 뉴타운의 부유한 가정에서 유복한 어린 시절을 보냈습니다. 그의 집은 수영장이 딸린 2층 주택으로 부모의 이혼 후 어머니 낸시와 함께 살았다고 합니다. 낸시는 아들의 성적에 관심이 많았고, 아들이 다니던 공립학교에 불만을 느껴 집에서 가르쳤다고 하지요. 또 남편과 이혼한 뒤 큰 집에서 남편 없이 사는 상황에 불안감을 느껴 총기를 사 모았다고 합니다. 핵전쟁 등으로 문명이 파괴되고 각자 치열한 생존경쟁을 벌이게 될 것이라 믿는 종말론자이기도 했습니다.

아직은 어른과 아이의 중간에 있는 20세 랜자는 도대체 어떤 환경에서 청소년기를 보냈던 걸까요?

신맹모삼천지교, 가정환경

'랜자는 종말론자 어머니 아래에서 총과 함께 자란 컴퓨터 게임광'으로 드러났습니다. 어머니와 여러 차례 사격 연습장에 다녔고, 범행 당일에는 컴퓨터 게임의 가상현실에서 헤어 나오지 못했던 것 아니냐는 분석도 나왔습니다. 그에게는 '학살범'이라는 무시무시한 칭호가 붙여졌습니다.

집 안을 살펴보세요. 아빠와 엄마가 환경의 중심이지만 다른 부차적인 것도 많은 영향을 미칩니다. 엄마아빠의 태도와 언어의 중요성은 말할 것도 없거니와 아이가 보고 접하는 모든 환경이 지대한 영향을 끼치니 부모가 아이를 둘러싼 온갖 것에 관심을 가져야 하는 것이 '자녀 양육의 기본 중 하나'입니다.

지금 우리 집 안의 구석구석을 둘러보세요. 아이에게 유해한 환경은 없는지, 불필요한 것들은 없는지 메모장을 들고 체크해보세요.

학교 설립도 학교환경위생정화구역 제도에 엄격히 제한받습니다. 유해식품은 학교 근처에 팔면 안 되고, 아이들의 안전을 위해 학교 앞은 관계 차량이 아니면 차량의 주정차나 통행이 제한됩니다. 뿐만 아니라 학교나 유치원이 설립되기 전 먼저 교육에 악영향을 끼칠 유해업소가 없는지를 점검하는 게 우선이지요. 교육환경 유해업소가 학교 예정지 50~200m 내에 있다면 학교 인가 자체가 불가합니다.

'학교환경'도 이렇게 점검하는데, 사랑하는 우리 자녀가 가장 많은 시간을 보내는 '가정환경'은 어떤지 살펴보았는지요? 내 인생의 모든 것을 바쳐 사랑하는 자녀에게 어떤 가정환경을 마련해주었는지 둘러보아야 합니다.

'맹모삼천지교'의 정신은 시대가 바뀌었기에 더 중요합니다. 결혼할 때 아직 태어나지도 않은 아이까지 고려해 집을 정하는 건 쉽지 않은 일입니다. 또 요즘 시대에 '맹모'처럼 아이에게 최상의 조건을 찾아 다닌다는 것은 이상일 뿐이며 그건 고사에 불과하다고 치부할 수도 있습니다. 그러나 이 시대에도 수많은 맹모와 맹부가 있습니다. 강남의 좋은 학군을 찾아 이사를 하고, 아이의 '학습'을 위해 필요하다면 부부의 생이별도 감수하는 것이 '현대판 맹모맹부'입니다.

이토록 자녀 사랑이 큰 우리 부모가 아직까지 놓치고 있는 것이 바로 집 안의 환경입니다. 학교와 집 주변 이상으로 '가정 내의 환경'이 중요합니다. 이것은 부모 마음대로, 부모에 의해 모든 것이 좌우될 수 있으므로 지금 바로 바꿀 수 있습니다. 그런데 집 안 환경이라고 할 때 그동안 TV와 컴퓨터만 유해환경이라고 여기고 이를 어떻게 처리하나 노심초사했던 건 아니었을까요?

정신의 유해물질을 치워주세요

어떤 집은 'TV 덜 보기'를 실천하기 위해 TV를 천으로 덮어놓는다고 합니다. 시청이 꼭 필요할 때를 제외하고는 항상 천으로 가려놓는다고 하지요. 어떤 가정은 TV를 '아예 없애버렸다'고도 합니다.

　이런 이야기를 들으면 우리 부모가 아이들에게 좋은 환경을 마련해주려고 애쓰는 모습이 떠오르고 부모노릇이 쉽지 않다는 말이 실감이 납니다. 아기가 태어나면 모빌을 달아놓고, 기어 다닐 때는 아기 손에 닿을 거리에 있는 모든 위험물과 비위생적인 것을 치우며, 걸음마를 배울 무렵이면 모서리에 고무를 달거나 기어오를 가능성이 있는 높은 곳은 아예 만들지 않는 등 많은 환경적 배려를 합니다. 여기까지는 각 가정이 거의 잘하는 것 같습니다.

　아이가 서너 살쯤 되면 환경꾸미기에 더 적극적이 되어 알파벳 포스터 붙여놓기, 한글 익히기에 좋은 자료 붙여놓기, 그림책 사주기 등을 하는데 이 부분 또한 각 가정마다 비슷합니다. 그런데 그보다 더 중요한 것이 아이의 정서에 위해요소가 있는지 꼼꼼히 확인하는 것입니다.

　예를 들면 '양주 장식장' 같은 것입니다. 혹시 지금도 꼬냑, 보드카, 위스키를 사서 '장식품'으로 진열해놓은 가정이 있다면, 특히 아이를 키우는 가정이라면 이런 장식장은 과감히 없애야 합니다. 만약 양주류가 있다면 그것은 유리로 환히 들여다보이는 장식장에 둘 일이 아닙니다. 총이나 칼 장식 또한 거실에 진열 혹은 걸어두는 것 자체가 위태로워 보입니다. 그것들은 어른의 시각에서는 장식품일지 모르지만 아이들에게는 유해물건에 불과합니다.

　가정 내의 환경은 아이의 눈높이에서, 아이의 입장에서 꾸며져야 합니다. 아이는 지금 모든 것을 보고 배우고 있으며, 환경에 민감한 발

달의 시기를 거치고 있기 때문입니다.

우리 가정의 환경을 다시 살펴볼 필요가 있습니다. 지금 우리 아이가 어떤 것을 매일 매 순간 보며 살고 있는지 체크해보세요. 쓸고 닦으며 위생적으로 환경을 가꾸는 것 이상으로 아이의 정신을 어지럽히는 유해물질이 있는지 잘 살펴보고 치워주어야 합니다.

말수 적은 아이, 소극적인 아이, 어울리지 않는 아이

아이가 말수가 적다면 말수를 늘리려는 노력보다 마음으로 인정하는 것이 먼저입니다. 이런 아이는 대체로 속이 깊고 생각이 많습니다. 표현은 적게 하지만 내면은 누구보다 깊고 풍부하다는 의미도 되지요. 그러나 이는 때로 약점도 될 수 있습니다. 작은 꾸중에도 민감해 그것을 내면에 깊이 간직할 수 있기 때문입니다. 전문가의 조언대로 '대인관계에서 감정의 상처를 훨씬 더 깊게 받아들여 학교생활(사회생활)에 잘 적응하지 못하고 왕따가 되는 경우'가 많으므로 세심한 배려가 필요하지요.

말수가 적은 아이, 소극적인 아이는 적극적인 표현을 잘 안 할 뿐으로 이것 자체가 문제는 아닙니다. 그대로 인정하고 그에 따른 배려가 필요합니다. 콩 음식이 좋다고 콩에 알레르기 반응을 보이는 사람에게 강제로 먹여서는 안 되듯 자기표현, 적극적인 태도, 스피치를 중시하는 시대에 살고 있다고 해도 이런 아이에게 표현을 강요하면 역반응이 일어납니다. 먼저 아이의 말에 주의를 기울이고 깊은 사랑과 관심을 표해주어 아이 스스로 자신을 귀하게 여기고 자신감을 갖게 한다면, 이런 아이는 사색적이고 깊은 마음 씀을 바탕으로 자신만의 강점을 살려 각 분야의 전문가가 될 수 있습니다.

이 세상에 모두 말 잘하는 사람, 말하려고 애쓰는 사람만 있다면 얼마나 소란스러울까요. 말수 적음을 '다양성'으로 인정해야 합니다. 아이가 말을 잘 안 하거나 적게 하는 것을 '잘못된' 혹은 '틀린' 것으로 여기는 부모나 어른이 있다면 아이는 점점 더 자신감을 잃게 됩니다.

말수 적은 아이를 대하는 바람직한 부모의 태도는 어떤 것일까요?

"영주는 하루에 단 몇 마디라도 하긴 하나?"

주위 어른들로부터 이런 말을 종종 들었던 저를 부모님은 '신중하고 속 깊고, 부모 속 안 썩이고, 알아서 잘하는 아이'로 바꾸어주었습니다. 저는 지금도 누군가에게 제 어린 시절을 이야기할 때 '완벽한 아이' 혹은 요즘 말하는 '엄친딸'이었던 것처럼 묘사해 스스로도 깜짝 놀랍니다. 우리 부모님이 늘 그렇게 저를 인정했기에 제가 마냥 괜찮은 아이였다고 착각하기 때문입니다. 부모는 아이가 그렇게 믿도록 키우는 분이어야 합니다.

"우리 영주는 말 대신 글로 표현을 잘해. 글만 썼다 하면 상을 받아온다니까."

"우리 영주는 책상 앞에 앉으면 부를 때까지 꼼짝도 안 하고 공부를 해."

세상에, 저의 부모님은 접두사처럼 '우리 영주는……'을 붙이며 제 소극성을 '속 깊은 아이'로, 말없음을 '신중하게 글로 표현을 잘하는' 것으로, 저의 비활동성을 '지구력이 있는 아이'로 바꾸어주었습니다. 우리 부모님이 얘기했던 '우리 영주'는 그 시대 모든 부모의 '이상적인 자녀상'이었으니 과장도 있음직하고 또한 실제의 저보다 더 멋있게 그린 부분도 있을 겁니다.

하지만 저는 압니다. 저의 말수 없고 수줍어하는 성격을 부모님도 아쉬워했지만 현명한 저의 부모님은 그것을 억지로 고치기보다는 대신해서 다른 강점을 높이 치켜주었다는 것을. 그래서 저는 스스로를

썩 괜찮은 아이였다고 지금도 행복한 착각을 하는 것입니다. 부모는 그래야 합니다.

그런데 그 시대 학력이 높지도 않고, 부모교육을 받은 적도 없던 부모님은 어쩌면 그렇게 현명하게 자녀를 키웠을까요? 그것은 '나는 너를 믿는다'는 자녀에 대한 신뢰가 강했기에, 지식은 짧지만 자녀를 머리가 아니라 가슴으로 사랑했던 부모님이었기에 가능했던 자녀양육 방식이었던 것 같습니다.

사회성은 타고난다기보다 부모의 역할에 따라 발달해나가는 유연성을 가진 것입니다. 우리 부모님이 "너 들었지? 애가 왜 그렇게 사교성이 없고 말을 못해! 다른 애들은 말만 잘하던데!"라고 했다면 저는 주눅이 들어 기를 못 편 채 스스로를 미워하며 컸을 것입니다.

'나는 도대체 왜 그럴까?'를 수도 없이 반복하며 스스로를 옴짝달싹 못하게 괴롭히느라 다른 강점마저 파괴했을 것입니다.

부모는 아이를 '키우는 말'을 해야 합니다. 아이는 환경의 대변자입니다. 그 주된 환경이 부모이고, 아이 주변의 어른과 가정의 모든 물건이며 나아가 사회이므로 아이를 위해 바람직한 물리적·정신적 환경을 만들어줄 때 우리 아이들이 건강하게 자랄 수 있습니다.

아이를 잘 키우는 것이 인류의 안전과 직결된다는 것을 바다 건너에서 전해진 통곡의 소식을 통해 다시금 깨닫습니다. 아이의 운명과 전 인류의 미래가 부모에게 달려 있음을 절실히 느끼며 이렇게 부모교육의 글을 쓸 수 있는 재능으로 모든 부모님과 소통할 수 있음에 감사합니다. 아이를 잘 키우는 것은 이 세상 어느 것과도 비교될 수 없는 절대가치입니다.

TV와 컴퓨터 등 유혹이 강한 유해 환경을 제거할 때는

먼저 아이와 상의를 해야 한다
천으로 덮인 TV가 아이에게 얼마나 궁금증을 유발하고 '아예 TV를 없앤' 가정에서 자란 아이는 유치원이나 학교에서 대화의 소재가 적어질 수 있음을 아이의 입장에서 고려해야 하기 때문이다. 또 아이와 많이 놀아주어야 한다. TV라는 엄청난 오락을 제공하지도 않으면서 아이와 놀아주지도 않는다면 '소 뿔 바로 잡으려다 소 죽이는' 결과를 가져올 수 있다.

말수가 적은 아이에게 필요한 말, 독이 되는 말

말수가 적은 아이에게 필요한 말 – 격려와 칭찬
말수가 적은 아이가 어쩌다 혹은 마음먹고 무언가를 표현했다면, 관심을 보이고 칭찬과 격려를 아끼지 마라. 이 세상에는 칭찬이 독이 되는 사람도 있지만, 말수 적은 아이에게는 마음에서 우러나오는 진정한 칭찬과 격려가 내면을 표현할 수 있게 하는 동기로 작용한다. 말수가 적은 아이에게 칭찬과 격려를 할 때는 바로 그 자리에서 직접적으로 한다.

말수가 적은 아이에게 독이 되는 말 – 비난, 충고, 무안 주기
'왜 그렇게 말을 안 하니?'는 전혀 도움이 안 된다. 이런 아이들은 예민하기 때문에 누구보다도 비난과 충고에 힘들어하며, 그것을 마음에 오래 담아두기도 한다. '그게 무슨 말이야?, 뭐라구?, 똑바로 말해야 알아듣지!' 등 말수 적은 아이가 어쩌다 표현한 말에 '무안'을 주지 마라. 아이를 위축시켜 표현을 더욱 가로막는다.

"여러분, 9월 8일은 제 생일이에요."
엄마는 해마다 이런 식입니다. 엄마는 생일날 며칠 전부터 온 가족이 모이기만 하면 종이로 만든 나팔로 자신의 생일을 공지합니다.
"가족 여러분, 제 생일은?"
그러면 남편이 제일 먼저 손을 번쩍 들고 대답합니다.
"이민주 여사 생신은 9월 8일입니다."
"여러분, 가장의 말씀 들으셨죠. 이민주 여사의 생신은 9월 8일!"
이렇게 엄마는 자신의 생일을 알리고 또 기억시키지요. 가족이라야 남편과 아들 민철이뿐, 나팔이 필요 없는 인원입니다. 나팔 또한 종이로 만든 것이지만 결코 급조된 것이 아닌 듯 별 모양 스티커도 붙였고 그림도 그려져 있습니다. 조금 유치한 듯하게 만들어졌지만 제법 주의를 집중시킬 만합니다. 나팔은 이 집의 외아들, 민철 군이 만든 것입니다.

온 가족이 식탁에 모였습니다. 다른 때보다 상이 화려합니다. 며칠 전부터 공지한 대로 오늘은 엄마의 생일날, 특별히 외할머니와 외할아버지도 함께입니다.
"잘 먹겠습니다."
감사의 인사를 하며 숟가락을 드는데, 초등학교 3학년 아들 민철이가 엄마께 수저를 쥐어드리며 하는 말.
"엄마, 오늘은 엄마가 세상에 나오시느라 고생한 날이니까 미역국 많이 드세요."
아들 민철이의 손이 참 따뜻합니다.

엄마, 미역국 많이 드세요

가족의 생일은 온 가족의 파티

민철이가 엄마의 손에 수저를 쥐어주며 한 말이 민철이의 손만큼이나 따뜻합니다. 그리고 이어진 아이의 말, "엄마, 오늘은 엄마가 세상에 나오시느라 고생한 날이니까 미역국 많이 드세요"를 듣고 가슴 가득 뭉클함이 번져옵니다.

민철이의 덕담은 예사롭지 않습니다. 남자아이들은 표현이 조금은 인색한 편인데 어디서 이런 말을 배워 한 것일까요?

민철이 엄마는 민철이의 생일에 이렇게 이야기합니다.

"우리 아들, 세상에 나오느라 얼마나 애썼을까! 기특하게도 엄마 고생 덜 시키고 씩씩하게 나오느라고 우리 아들이 얼마나 고생했을까!

그러니까 우리 아들 고생한 날, 미역국 많이 먹어~."

놀랍게도 민철이의 말과 거의 일치하는군요. 민철이 외할머니도 비슷한 내사를 하니, 반복학습의 효과일까요?

"민주야, 우리 민주 태어나느라 고생했으니 미역국 많이 먹으렴."

외할머니는 민철이 앞에서는 '에미야'라고 부르지만 생일날에는 이렇게 딸의 이름을 부른다고 하네요.

출판 관계로 알고 지내는 민주 씨의 생일날 이야기, 어떤 특이하고 거창한 생일파티 이야기도 저를 이토록 감동시키지는 못했을 겁니다. 민주 씨 아들 이야기는 종종 들었는데 그때마다 유쾌, 통쾌, 상상력 만점이라서 '미리 사인을 받아놔야겠다'고 제가 농담을 할 정도로 괜찮은 아이인 줄은 이미 알고 있었습니다. 그런데 민주 씨 생일날 에피소드는 아들뿐 아니라 가족에 대한 생각을 다시 하게 만들었습니다. 참 따뜻한 가정이구나, 가족 모두 아주 많이 사랑하는구나…… 들으며 저도 함께 행복했습니다.

우리 가정에도 민주 씨의 생일축하 방법을 응용, 벤치마킹하면 어떨까요? 민주 씨의 생일 이야기를 좀 더 들려드리겠습니다.

민철이 엄마, 민주 씨는 자신의 생일날 친정엄마, 아빠를 초대합니다. 민철이 아빠의 생일에는 친가 할머니와 할아버지를 초대하지요. 자신의 생일날, 자신의 존재를 세상에 가능하도록 한 분들과 함께한다는 것은 대단한 아이디어입니다. 이것이 민철이에게 부모의 소중함, 존재의 소중함을 알려줄 것은 당연합니다. 가족의 소중함을 전하면서 아이를 잘 키우고 싶은 부모라면 눈여겨보아야 할 부분입니다.

또한 민철이 엄마는 '누군가 내 생일을 챙겨주겠지' 하며 기다리지 않는다고 합니다. 아무리 가족이지만 '나'일 수는 없습니다. 가족에게 조그마한 일에도 실망을 하고 화를 내는 이유는 '나는 아니지만 나 같으면 좋겠다'는 평소의 기대수준 때문입니다. 그래서 나와 관련된 일을 기억해주지 않으면 직접적인 설명은 차마 치사해서 못하지만 저절로 표가 나서 온 가족을 불편하게 만들지요.

가만히 보면 우리가 실망하는 대부분은 작은 것에서부터 비롯됩니다. 예를 들어 '기념일을 안 챙겨줘서' 실망하는 경우가 많습니다. 내 생일인데 누구 하나 미리 알아 축하해주지 않고 결혼기념일인데 남편이라는 사람은 무심하고 아이에게 말을 하자니 그건 아닌 것 같고……. 그러느니 건강하게 표현하세요. '알아서 해주겠지' 하고 속마음에만 꽁꽁 싸매지 말고 민철이 엄마처럼 나팔에 대고 외치는 겁니다.

"가족 여러분, 제 생일은?"

얼마나 사랑스럽겠어요, 아내의 그런 모습. 그러니 남편이 손을 번쩍 들어 대답했겠죠.

"이민주 여사 생신은 9월 8일입니다."

아내의 생일을 '생신'이라고 표현하는 남편, 그런 엄마와 아빠의 모습을 보고 아이는 깔깔깔 재미있어서 손뼉을 치며 웃겠지요. 거기다 나팔은 아이가 만든 것이니 완벽한 가족 공동체로서의 자신을 느꼈을 겁니다. 아이와 엄마, 아빠만 있는 이 상황에 무슨 나팔이 필요하겠어요. 그래서 더 재미있습니다. 유머가 있는 가정은 이런 겁니다. 유머는 여유라는 행복도 덤으로 가져다주지요.

민철이 엄마는 생일 며칠 전 먼저 초등학교 3학년 아들 민철이에게 나팔 제작을 주문했습니다. 사실 3학년 정도 되면 서서히 엄마와 마주 앉아 무언가를 그리고 만드는 일이 줄어드는 때인데 이 '나팔'은 엄마의 주문 제작이기 때문에 자연스럽게 대화를 나누며 엄마와 교류하게 됩니다. 엉뚱발랄 민철이는 엄마한테 계획서부터 제출했습

니다. 준비물에는 '마닐라지, 별 등의 화려한 스티커, 투명테이프, 그리고 심부름 값 천 원과 엄마가 만들어주는 떡볶이'가 적혀 있습니다. 배보다 배꼽이 큰 '거래'이지만 엄마는 기꺼이 오케이.

마닐라지 같은 너무 두껍지도 얇지도 않은 종이를 나팔 모양으로 만들고 거기에 그림을 그려넣고 스티커를 붙이면 엄마 생일 공지용 나팔 완성. 그리고 엄마가 만든 떡볶이를 함께 먹는 그림 같은 이 모자의 다정함이 여기까지 전해지는군요.

'엄마(아빠)의 엄마'를 생일에 초대하라

생일 이야기 중에서 저에게 기발한 아이디어로 다가온 것이 바로 민철이 엄마의 엄마를 초대한 것입니다. 즉 민철이의 외할머니와 함께한 것이지요. '외할머니'라는 호칭은 민철이에게 해당하고 민철이 엄마에게는 그 외할머니가 '엄마'입니다. 엄마의 생일을 통해 엄마의 엄마가 나의 엄마를 낳았음을 자연스럽게 다음 세대(민철이)에게 알려주게 됩니다.

어렸을 때 저도 우리 엄마는 그냥 엄마고 남들이 말하는 '아줌마'인 줄만 알았습니다. 제게 엄마는 '원래부터 엄마이고 아줌마'였던 것이지요. 그러다 성장해서 어느 한순간 우리 엄마를 보니 엄마도 아기였던 때가 있었고, 소녀였으며 설레는 맘을 가진 아가씨였던 적이 있었음을 깨달았습니다. 처음 그 생각이 떠올랐을 때 저는 깜짝 놀랐습니다. 왜였지, 엄마는 그냥 엄마라고 생각했던 이유가? '내 엄마'라는 틀에 가두어놓고 엄마를 다른 존재로는 인정하기 싫었던 까닭입니다. 가족을 위해 헌신하고 자녀에게 무조건 희생하는 사람은 그냥 엄마여야 하지 희로애락의 감정을 갖고 설레는 마음을 가진, 외로움 따위를 타는 '사람'이면 안 된다는 제 안의 이기심. 이 모든 것을 정당화하기 위한 호칭이 엄마였습니다.

제가 우리 엄마를 '그냥 엄마', 타인들에게는 '원래 아줌마'라는 칭호로 알았던 그때가 우리 엄마의 30대였으니, 엄마 입장에서는 얼마나 억울하고 가당치 않은 '원래'와 '그냥'이었을까요.

엄마를 한 객체와 인간으로 오롯이 보여주는 날이 바로 생일입니다. 이날을 기념해야 하는 또 다른 의미는 이날을 통해 엄마도 아기였던 시절이 있었으며 엄마도 기쁨과 슬픔, 화남과 놀람 등의 감정을 가진 사람임을 자연스럽게 알려줄 수 있다는 것입니다. 무조건의 양보와 희생이 우리가 만든 '엄마'라는 틀입니다. 자녀에게 '엄마도 감정이 있음을 표현하라'고 얘기했던 것과 맥락을 같이한다면 엄마의 생일을 축하하는 것이야말로 이를 실천하는 자연스런 계기입니다.

아이들의 입장에서 '외할머니'도 그냥 외할머니일 수 있습니다. 원래부터 할머니라고 생각하는 것이지요. 외할머니가 딸인 엄마의 탄생을 축하해주는 일은 엄마도 누군가의 소중한 자녀라는 인식을 자연스럽게 전해주며 동시에 엄마의 엄마 또한 희생과 봉사의 아이콘이 아닌, 소중한 한 인간이라는 것을 알려줍니다. 이때 엄마의 엄마(아이에게 외할머니)에 대한 태도는 아이에게 롤모델이 됩니다. 감사의 마음을 한 껏 표현해주세요. 우리는 생일에 당사자에게 선물하는 것은 당연하게 생각합니다만, 만약 엄마가 자신의 생일에 엄마(외할머니)께 감사의 편지와 선물을 드린다면 아이에게 이 일이 어떻게 비쳐질까요? 아이도 자신의 생일날 부모님께 편지와 감사의 선물을 준비할 것 같습니다. 요즘 아이들이 부모님께 받는 건 당연하게 여기고 줄 줄은 모른다고 안타까워만 할 게 아닙니다. 부모가 '부모님의 부모님께' 하는 공경과 사랑이 자녀에게 보여주는 산교육입니다.

아내의 생일에 남편이 준비할 것

생일에 왜 이렇게 공을 들여야 할까요? 매해 돌아오는 생일인데 해마다 특별한 이벤트를 마련한다는 게 쉽지도 않은데요.

1년에 한 번씩 돌아오지만, 그렇기에 소중합니다. '매번 돌아오는 생일인데 뭘'이 아니라 '겨우 1년에 한 번인 생일인데'라며 남편과 아내의 관점이 간극 없이 일치할 때 부부는 더 행복할 수 있습니다. 남편과 아내가 서로 주파수를 맞춰주세요.

나를 알아주는 사람과 함께 사는 삶은 행복합니다. 생일은 그런 겁니다. 생일이 아니더라도 무언가를 기념하는 일은 누군가를 기억하고 존중하는 행위입니다.

'겨우 생일 하나 가지고 뭐 그리 대단스럽게……'

이게 아니라 당신의 생일이기에, 사랑하는 당신과 결혼을 한 날이기에 기억하고 기념하고 사랑을 표현해야 하는 것입니다.

이런 존중과 사랑을 받은 아내는 남편을 더 사랑하고 존경하지 않을 수 없습니다. 가정에서 존중받는 아빠는 사회에서 자신감 있게 자신의 일을 해나갈 터이니 가족이 다같이 행복할 수밖에 없지요. 이런 아빠와 엄마를 본 아이들이 건강한 심신을 가진 인간으로 잘 자라는 건 자연스런 이치입니다.

아빠의 '아내 생일 챙기기'는 가족을 넘어 사회적으로도 공헌을 하는 위대한 실천입니다.

결코 과장이 아닙니다. 먼저 가장의 길을 걸어간 많은 선배들에게 물어보세요.

'가화만사성(가정이 화목하면 모든 일이 잘된다).'

지금이나 옛날이나 가정으로부터 모든 것이 비롯되고 완성됩니다. 그 첫걸음이 '기억해주는 것'입니다. 아내와 관련된 것을 아내의 입장에서 기억하고 챙기면 됩니다. 이런 챙김은 아내를 사랑한다는 표현으로 연결되며 이런 연결고리가 행복으로 이어지지요. 자녀가 부모를, 부모가 자녀를, 부부가 부부를 챙기고 생각하는 것은 가까이에 있는 행복을 크게 누리는 것입니다.

가족의 기념일을 챙겨라

1. 엄마, 아빠, 아이들의 생일날에는 작지만 의미 있는 이벤트를 하자

아내의 생일이라면 아침은 가족과 함께하고 저녁식사는 부부가 단 둘이 밖으로 나가서 하자. 매일 집밥을 책임져야 하는 아내에게 주방은 가족의 식사를 준비하는 성스러운 공간이자 동시에 중노동의 현장이다. 여자들은 특히 분위기를 좋아한다. 평소에 잘 가지 않는 분위기 있는 식당에서의 식사를 준비하자. 식당 예약은 필수. 남편이 아내를 위해 미리 준비를 했다는 것은 아내에 대한 존중의 의미이다.

아내는, 남편의 생일날 감사의 편지를 아이들과 함께 쓰자. 저녁식사도 아이와 함께 준비하고, 식사를 마치면 '남편과 아빠께 드리는 편지'를 읽는 시간을 갖는다. 처음에는 어색하지만 이것이 가풍이 되도록 정착시키면 자연스러워진다. 이 방법을 어버이날이나 기타 가족이 함께 모이는 날로 확대해보자. 사랑하는 사람에게 감사의 편지를 쓰는 가풍은 아이들에게 풍요로운 정신적 유산이 될 것이다.

2. 결혼기념일에는 아이들도 함께하라

결혼은 두 사람의 만남이었으나 그 소중한 형식을 거쳐 가정을 이루었음을 결혼기념일을 통해 아이들에게도 알려주자. 아이들의 탄생은 이렇게 사회가 허용하는 보편적 방식으로 이루어졌음을 보여주는 좋은 시간이 될 것이다. 우리 아이들이 앞으로 살아갈 세상은 점점 더 다양해질 것이다. 부모가 상상조차 못했던 성(性)과 출산 형태가 많아질 것이다. 책임 있는 사랑이 바로 결혼이고, 행복한 결혼으로 '축복받은 너'가 태어났음을 자연스럽게 자녀에게 보이는 시간. 결혼기념일에 부모와 자녀가 함께하는 시간은 또 다른 면에서 자녀교육의 기회가 된다.

사우디아라비아에서 온 CEO 타키와 부에리토, 일본에서 온 카나미, 터키인 변호사 챠르, 스페인의 안젤로, 브라질에서 온 하케르, 줄리아나, 베네수엘라에서 온 줄리, 타이완에서 온 비앙카, 홍콩에서 온 탕, 중국에서 온 륭. 여러 나라에서 다양한 직업을 가진 사람들이 모였습니다. 그들 모두는 영어 공부를 하러 미국의 한 학교에 모인 '학생'들입니다.

선생님 네긴스가 질문을 하면 각 학생들이 자기 나라의 명절과 축제에 대해 이야기를 하는 시간이었습니다.

브라질에서 온 학생들은 '삼바' 축제를 말합니다. 선생님은 며칠 동안 지속되는지를 묻습니다. 하케르는 "Maybe…… I don't know(아마…… 잘 모르겠는데요)."라고 합니다. 같은 나라에서 온 줄리아나가 4~5일 동안 지속된다고 말합니다. 또 무슨 옷을 입는지 선생님이 질문을 합니다. 줄리아나가 대답합니다. 특별한 음식과 행사에 대해서도 줄리아나가 답합니다.

같은 나라 브라질, 둘 다 공교롭게 '상파울로'라는 한 도시에 살고 있으며 나이도 서른 살, 서른두 살 비슷한 연배입니다. 살아온 시간도 공간도 비슷한데 하케르는 모르고 줄리아나는 마치 브라질 홍보 대사 같습니다.

홍콩의 탕과 중국의 륭은 그들의 축제로 '새해'를 이야기합니다. 저도 제 차례가 되면 '설날'과 '추석'에 대해 좀 더 잘 말해야겠다고 생각했습니다.

륭과 탕은 '새해' 이야기 말고는 '음…… 아이 돈 노' 하며 중국의 명절에 대해 제대로 말하지 못합니다. 영어가 서툰 게 아니라 '잘 생각이 안 난다'는 것이었습니다. 저도 생각했습니다. '난 저들보다 얼마나 더 알고 있지?'

사우디아라비아 학생들은 그들의 성지 메카에 대해, '라마단'에 대해, 위대한 지도자들에 대해 너무도 진지하면서도 적극적으로 이야기를 했습니다. 자신들의 나라에 대한 자부심이 가득했습니다. 그들은 영어가 가장 서툴렀음에도 조국과 전통에 대해서는 얼굴을 빛내며 서로 말하고 싶어 했습니다.

03
너에 대해 알고 싶어

무엇이 먼저인가

글로벌 리더, 글로벌 리더십이라는 말이 빈번하게 사용되는 시대를 살고 있습니다. 어학연수나 교환학생 제도 등을 통해 세계 여러 나라를 경험하며 다른 나라 학생과 교류하고 있으니 이미 글로벌한 세상을 살고 있는 우리의 중·고등학생, 대학생에게 글로벌 리더라는 말이 자연스러워진 것이지요.

국내에서도 반장 선거, 회장 선거는 많은 아이와 부모의 집중 관심 대상이니, 세계 속의 우리 아이가 이제는 반과 학년, 학교, 우리나라를 넘어 세계의 리더가 되기를 바라는 것은 당연합니다. 긍정적으로 본다면 참 바람직한 일이며 고마운 생각입니다. 세계 속의 한국이어야 하니까요. 우리 아이들이 사는 세상은 바야흐로 '비욘드 코리아(beyond Korea)'가 분명합니다.

그러니 세계로 나가기 전 '나'에 대해 '우리'에 대해 '우리나라'에 대해 반드시 알고 가야 한다는 절대명제를 제안합니다. 여러 번 느꼈습니다. 나와 우리를 먼저 아는 것의 중요성을. 나를 안다는 것은 나에 대해 생각한다는 것이고, 스스로에게 관심을 갖는 일입니다. 무엇을 좋아하며 하고 싶은지, 무엇이 되고 싶고 왜 그 직업을 갖고 싶은지, 취미가 무엇인지, 즐겨 하는 운동은? 잘하는 것은? 가고 싶은 여행지는? 가본 중에서 가장 좋았던 곳은? 내 인생의 참 목적은? 꼭 하고 싶은 몇 가지 버킷리스트(bucket list), 위시리스트(wish list), 나와 내 가족, 우리나라에 대해 알기…….

"너희 나라의 축제와 명절에 대해 얘기해주겠니?"

이 평범한 질문 앞에서 저도 생각을 해야 했습니다. 남의 나라에 와서 누가 물어볼 때나 비로소 '나와 우리'를 생각하다니. 나와 우리나라에 대해 가장 잘 알고 있어야 할 내가 곰곰 생각해야 간신히 답이 나오다니, 참 아이러니합니다.

물어보라, 아이에게

내 아이에게 물어봐 주세요. 무엇을 할 때 즐거운지, 무엇이 되고 싶은지, 왜 되고 싶은지, 어떤 운동을 좋아하는지, 왜 좋은지, 어떤 친구가 좋은지, 꿈이 무엇인지, 그러려면 어떻게 해야 하는지, 어떤 과목이 좋은지, 어디를 여행하고 싶은지, 왜 그곳에 가고 싶은지…….

내면의 것을 끄집어내는 일이 교육입니다. 아이가 맘속에 있으나 미처 끄집어내지 못했던 생각과 꿈. 이런 것들을 정리해보는 시간, 생각해보게 하는 질문을 하세요.

나는 항상 나와 함께여서 스스로와 대화할 필요를 느끼지 못합니다. 너무 잘 알고 있다고 착각을 해서 알지 못한 채 세월을 보냅니다. 그러다 어느 날 누군가 나에 대해 묻는다면 순간, 정리할 시간이 필요합니다. 상대는 때로 가볍게 질문하고 웃으며 대답을 기다리는데, 정작 우리 아이가 숙제를 풀 듯 끙끙거리며 '답'을 찾으면 재미없습니다. 세계 속의 리더는 이런 질문에 철학적인 자세로 오래 고민하면 안 됩니다. 상대는 내게 철학적 질문을 한 것이 아닙니다. 고민하라고 던진 질문이 아닙니다.

"네가 궁금해. 너를 알고 싶어. 말해주겠니?"

그때 환히 웃으며 '나에 대한 얘기'를 하도록 해주세요. 아이와의 소통을 강조하는 부모님, 아이와 어떤 대화를 할지 책을 보며 찾는 교육적인 부모님, 아이에 대한 것, 우리에 대한 것을 대화의 소재로 삼는다면 참 멋진 이야기를 나눌 수 있습니다.

아이와 식사를 하며, 간식을 주면서 혹은 길을 걸으면서 질문해주세요. 듣지만 말고 자연스럽게 엄마아빠의 꿈도 이야기하고, 여행을 하며 좋았던 점도 꺼내놓고 즐겨 듣는 음악 등도 이야기해주세요.

이런 대화는 일회성 행사처럼 한 번 하고 지나가면 안 됩니다. 일상의 한 부분처럼 때때로 화제에 올려야 합니다. 아이는 자라고, 꿈은 변하기에 생각도 달라집니다. 아이에게 있어 이런 질문은 관심을 받는다는 느낌을 주는 소중한 경험이자 자신과 주변에 대해 알아가는 기회가 될 것입니다.

글로벌 리더를 원한다면 나와 내 나라를 먼저 알게 하라

부모(parents), 조부모(grand parents), 증조부모(great grand parents)에 대

해 알아보는 시간.

주제는 '현재와 과거(now and then)'였습니다. 부모님은 어떤 일을 하는지, 어디에서 태어나고 자랐는지, 조부모님의 고향은 어디이며 그들은 무슨 일을 했는지, 이름은 기억하는지 등의 내용으로 한 시간 반 동안 수업이 진행되었습니다.

전통을 소중히 여기며 약간은 회고주의자에 속하는 저도 제 조상에 대해 막히는 부분이 있었습니다. 그래서 생각했습니다, 한국에 돌아가면 내 학생들에게도 물어보리라. 이 주제에 대해 진지하게 이야기 나누어보리라.

'뿌리'와 '근본'을 아는 것은 자신을 이해해가는 과정입니다. 나와 가족, 조상에 대해 생각하고, 오늘의 나를 있게 한 소중함을 느끼는 일이 '정체성'을 찾는 것입니다.

나, 가족, 조국에 대해 아는 것은 세계인이 되는 첫걸음입니다. 우리가 다양한 언어를 배우는 이유는 그들에 대해 알고 '소통'하고 싶어 하기 때문입니다. 소통을 하려면 우리도 알려야 합니다. 그러려면 당연히 나와 우리나라부터 알아야 합니다.

그다지 새로울 게 없어 보이는 이 주제들이 21세기, 다양성을 존중하고 인정하는 나라 미국, 그 가운데에서도 여행자와 다양한 인종이 가장 많이 모인다는 샌프란시스코의 영어 클래스에서 다루어진 주요 학습 내용이었습니다.

영어를 배우기 전, 중국어를 배우기 전, 아이에게 대한민국을 먼저 가르치세요. 아니, 다시 정확히 말하겠습니다. 영어를 가르치기 전에 우리말을 잘 알려주세요. 중국어를 가르치기 전에 먼저 우리 글과 혼부터 배우게 하세요.

'나는 누구인가'를 모르는 아이는 국제 바보입니다. 그 아이가 만날 세계인 누군가는 '너를 알고 싶다, 너는 누구니?'라고 물을 겁니다. 그때 내 소중한 아이가 자신과 부모, 모국에 대해 잘 말하지 못하고 "음, 웰, 암" 하며 움찟거린다면 그 아이가 아무리 외국어를 잘한다 한들, 영혼이 깊고 풍부하지 않은 껍데기 같아 보일 뿐입니다.

'콘텐츠의 힘'이 있는 우리 아이

저는 기억합니다. 영어는 곧잘 하지만 자기 나라의 전통, 음식, 옷, 존경하는 인물을 떠올리지 못해 당황해하던 얼굴들. 그리고 떠오릅니다. 영어는 능숙하지 않지만 그들의 전통과 종교, 위대한 지도자를 이야기하며 기쁨과 자부심으로 빛나던 얼굴들.

말을 잘하는 사람은 '하고 싶은 말, 할 말이 있는 사람'입니다. 아무리 단어를 많이 안들, 할 말이 없으면 그만입니다. 우리 아이가 '할 말이 있는 사람'일 때 비로소 국제적 감각을 가진 것입니다. 원어민 같은 발음을 하는 것만이 영어를 잘하는 게 아님을 세계인들과 함께하며 더 절감했습니다.

언어구사력을 키우는 일은 그렇게 단순하지 않습니다. 안 그렇다면 한국어를 잘하는 아이를 왜 한국어 스피치 학원에 보내고 발표력 운운하며 걱정을 하겠습니까? 말을 잘하는 데는 어떻게, 어떤 말을 하느냐가 필수요소입니다. '어떻게'에 태도와 표정 등 외적인 요소가 있다면 '어떤'은 콘텐츠의 힘입니다.

내 아이가 글로벌한 시대를 멋지게 살게 하고 싶은가요? 글로벌 리더가 되었으면 하나요? 영어와 다른 외국어를 잘해서 그들과 자유롭게 소통하고 교감하며 우뚝 서기를 바라나요?

'콘텐츠의 힘'을 키워주세요 아무리 형식이 좋아도 내용이 없으면 금방 바닥이 드러납니다. 콘텐츠를 잘 갖추는 것이, 즉 '자신에 대해 잘 아는 것'이 국제적 시대의 기초 역량입니다. 글로벌 감각과 국제적 언어 실력을 키워주기 위해 '기러기 아빠'를 양산해내는 우리나라. 그러나 내면의 힘은 무시하고 밖으로만 내보내면 우리 아이는 부실한 세계인이 됩니다.

'명품'만 보더라도 전통을 내세웁니다. 물질도 이러할진대 5천 년 역사의 나라, 대한민국의 자손이 나와 가족, 내 나라, 모국어, 역사를 알아야 하는 건 기본입니다. 자신과 조국에 자긍심을 가져야 합니다.

"너(꿈, 가족, 나라, 전통, 역사, 음식)에 대해 말해줘."

"나? 내가 누구인지 모르겠어."

'내가 누구인지 모르는 사람'이 어찌 상대와 소통할 수 있겠습니까.

우리 아이와 지금부터 대화를 하세요.

"애야, 너는 누구니? 너에 대해 말해주겠니?"

학급의 임원 엄마들이 만났나봅니다. 소풍을 앞두고 몇 가지 준비를 하기 위한 모임인 듯습니다. 공적인 이야기가 마무리되고 서로 이런저런 대화를 하는데 한 엄마가 다른 엄마에게 묻습니다.
"언니, 언니는 진짜 애하고 그렇게 잘 놀아줘?"
"응? 응, 잘 놀아주지. 근데 왜?"
"아, 우리 애가 와서 하늘이 엄마는 하늘이하고 게임도 한다고 엄청 부러워하더라구. 진짜 애하고 게임도 해?"
"게임? 포켓몬 하는 거?"
다른 엄마들도 호기심어린 눈으로 적극 동참합니다.
"포켓몬 게임, 그거 어려운데. 그럼 거기 나오는 애들 이름도 다 알아?"
"응, 다 알아. 애가 좋아하잖아."
"아~ 말도 안 돼. 포켓몬 하는 거 말려야 하는데 같이 해주고."
"왜? 그거 애들이 엄청 좋아하고 해보면 진짜 재밌어."
"하기야, 언니는 아들이 워낙 다 잘하니까 그런 여유 있는 말도 하지. 우리는 그거 못하게 하느라고 애하고 싸우는데……."
"아니야, 놔둬. 애들도 집에서는 휴식이 필요해."

04
아이가 좋아하는 것을 아는 당신은 말 통하는 부모

애들도 집에서는 휴식이 필요해

저를 완전 감동시킨 이 말, '놔둬, 애들도 집에서는 휴식이 필요해.'
어느 날, 대치동의 한 카페에 모인 엄마들의 대화에서 저는 한시도 귀를 뗄 수 없었습니다. 처음에는 전형적인 강남 엄마들의 모임인가 보다 했습니다. 그러다 '언니'라고 불린 한 학부모의 이야기에 저는 완전 매료되었습니다.
그 엄마의 얘기를 요약해보면 이렇습니다.
'아이들이 관심 갖는 놀이에 엄마가 동참하면 아이 정서에 참 좋다. 만약 그 놀이가 복잡해서 함께하기 어려우면 옆에서 지켜봐 주는 것만으로도 아이는 무척 신나 한다. 엄마는 아이의 취미 생활을 인정해

줘야 한다. 아이에게 집은 휴식의 공간이 되어야 한다.'

다른 엄마들도 참 멋졌습니다. 그 엄마의 말을 '잘난 척하는 이야기'로 치부하지 않았습니다.

"아, 나 오늘 중요한 거 배웠다. 써먹어봐야지. 역시 언니는 뭐가 달라도 달라. 그러니까 언니 아들이 애들한테 인기 최고지. 공부도 잘하고 리더십도 있고. 언니가 그렇게 키우니까 애가 자신감이 넘치나봐."

몇몇 엄마는 좋은 정보라며 저마다 실천 의지를 보입니다.

생생한 부모교육의 현장을 접했습니다. 그날 저도 배웠습니다. 따뜻한 엄마의 관심이 아이에게 얼마나 좋은 영향을 미치는지. 그런 엄마의 자녀가 학교생활에서 자신감 있게 아이들과 관계를 형성하며 학습에서도 뛰어나다는 것을…….

역시 아이는 부모의 작품입니다. 어떻게 양육하느냐에 따라 주눅 들고 비겁하게 자랄 수도 있고, 반대로 자신감과 인기, 공부도 한 번에 잡을 수도 있음을요. 아이에게 집은 휴식의 공간이 되어야 한다는 말은 저에게 있어 그날 최고의 수확이었습니다.

많은 부모가 아이가 학교에서 돌아오면 '숙제' 아니면 '공부' 하라는 말로 편안해야 할 스위트홈, 집을 제2의 학교로 만듭니다. 그렇잖아도 한참을 학교의 딱딱한 의자에 묶여 짜인 시간표대로 공부와 낑낑거리다 왔는데 집에 오자마자 엄마가 하는 첫마디에서부터 숨이 막힙니다.

"오늘 숙제 있니?"

이 말은 '이제 숙제해라' 이니 아이는 '또 공부?'라며 지레 지겨울 수밖에 없는 노릇입니다.

 ## 당신은 아는가, 아이가 무엇을 좋아하는지

초등학생 세 명이 모여 있습니다. 들려오는 말이 예사롭지 않습니다.
"우리 엄마는 포켓몬 진화도 안다."
"야, 말이 되냐? 어떻게 니네 엄마가 그 게임을 알아?"
"진짜라니까. 덱 짜서 엄마랑 게임도 같이해!"
"헐~, 엄마가 게임 못하게 하는 게 아니구? 엄마랑 게임 덱을 짜서 같이 논다구? 말이 되냐?"
"야, 못 믿겠으면 우리 집 가자. 보여줄게. 엄마랑 나랑 게임하는 거 보여주면 믿을 거지?"
"진짜?"
"야, 가보자. 얘네 엄마가 진짜 포켓몬 아는지, 가서 보면 되잖아."

아이들 셋이 한 방향으로 뛰어갑니다. 앞선 아이는 엄마를 자랑하고 싶은지 더 신나 합니다. 그 아이의 자신 있는 발걸음에서 '우리 엄마는 포켓몬 진화도 안다'고 했던 게 지어낸 말이 아닐 거라는 느낌을 받습니다. 대치동 어느 초등학교 앞을 지나면서였습니다.

이 아이들과 스친 건 공교롭게도 카페에서 엄마들의 이야기를 들은 지 얼마 지나지 않아서였습니다. 그런데 이 아이도 '포켓몬' 얘기를 하고 있었습니다. 드라마라면 이건 우연의 남발일 테지만, 실제의 일이니……. 하기야 세상은 넓고도 좁으니까요. 혹시 '덱 짜서' 엄마와 함께 포켓몬 한다는 이 아이가 카페에서 우연히 본 그 훌륭한 엄마(에피소드에 등장한)의 아들일지도 모릅니다. 아니, 아니길 바랍니다. 그래야 세상에 또 한 명의 좋은 엄마가 더 있는 것이니까요.

대치동식 학습법이 가끔 부정적으로 언급될 때가 있습니다. '대치동 엄마'라는 말은 극성 엄마의 대명사 같기도 합니다. 이 에피소드가 더욱 신선했던 건 '학습'에 관해 약간은 부정적인 이미지로 각인된 동네, 대치동에서 들었기 때문이고 이 동네라면 엄마들이 삼삼오오 모여 '학습'에 관한 이야기만 할 거라는 제 편견을 깨고 아이와 함께 게임하며 놀아주는 내용이었기 때문입니다.

어떤 엄마이기에 아이가 게임하는 것을 막지 않고 오히려 함께해준다는 것일까요? 저는 엄마와 게임을 한다는 아이의 말이…… 조금 못 미덥습니다. 말이 안 되는 것 같기도 합니다. 그러나 다행입니다. 아이는 의심에 찬 친구 두 명을 데리고 사실을 증명하기 위해 집으로 향합니다.

그 뒷모습이, 어울리는 말이 될지 모르지만 **아름다웠**습니다.

 ## 함께 놀아준다는 건, 너를 사랑한다는 표현이다

"수고했어. 학교에서 공부 많이 했으니 좀 쉬렴."

모든 엄마들이 학교에서 돌아온 아이에게 이렇게 말하고 싶겠지만,

그러나 저도 압니다. 그렇게 말하고는 싶지만 쉽지 않고, 일상에서 매일매일 실천하기는 어려운 말이라는 것을요.

하지만 아이와 함께 게임을 한다는 엄마의 말에 용기를 얻어 학교에서 돌아온 아이에게 '수고했어. 학교에서 공부 많이 했으니 좀 쉬렴'이라는 말을 해보자는 제안을 하려 합니다.

사실 우리 아이들은 학교에서 친구들과 어울리느라 양보도 했을 것이고, 그러느라 정신적으로 스트레스도 받고, 장난치다 선생님께 꾸중도 들었을 것이며, 친구들과 티격태격하느라 힘도 들고, 배식 줄 잘못 서서 먹고 싶은 반찬 양껏 먹지 못했을 수도 있으며, 억울한 일을 당했을 수도, 하고 싶은 말을 못하고 속으로 분한 일도 삭여야 했을 수 있습니다.

그런 시간을 보내다 이제 편안한 스위트홈에 온 아이입니다. 그러므로 집은 '후우~' 하고 안심하며 네 활개 쭈욱 펼칠 수 있는 공간이 되도록 만들어주어야 합니다. 좋은 가구, 멋진 인테리어로 꾸민 집이 아니어도 좋습니다. 실상 아이는 그런 것들 따위에 아무 관심이 없습니다. 나를 맞이해주는 따뜻한 엄마, 가방 던져놓고 손 닦고 나오면 조촐하게나마 준비해주는 엄마의 간식. 그 간식을 먹으며 엄마와 도란도란 나누는 학교에서 지낸 일들 이야기.

속상했던 일은 사라지고 엄마의 위로가 채워지지요. 기뻤던 일은 엄마의 맞장구에 몇 배로 커집니다. 억울했던 일은 엄마와의 대화를 통해 잘잘못이 가려지며 자기반성도 하고 상대에 대한 이해심으로 발전합니다. 선생님께 받은 꾸중에 대한 대화는 바람직한 태도를 배우는 시간이 됩니다.

간식시간이 마무리될 때쯤이면 아이에게 무엇이 하고 싶은지 물어보세요. 여기에는 무엇을 해야 하는지에 대한 질문이 포함됩니다. 그러면 아이 스스로 오후의 일과를 계획합니다.

"먼저 좀 쉬구요, 그다음엔 숙제를 해야겠어요. 아마 저녁식사 전까지 숙제를 다 마칠 수 있을 거예요. 다음에는······."

아이는 말도 안 되는 계획이 아니라 자신이 해야 할 일을 구체적으로 말합니다. 이제 엄마의 존중 차례입니다.

"그래? 그럼 뭘 하면서 쉴 건데?"

"포켓몬을 조금 할 건데요, 괜찮겠지요?"

"그럼, 네가 하고 싶은 건 네가 선택할 수 있어. 엄마랑 같이할까?"

"그러실 수 있어요? 엄마 시간 되세요?"

"그래, 이거 치우는 동안 네가 게임 준비하면 시간 맞겠는걸?"

"앗싸! 네."

아이는 엄청나게 신이 납니다.

"엄마, 근데 어떻게 여기 나오는 애들 이름을 다 알아요?"

"우리 아들이 좋아하는 게임이라 엄마도 연구를 좀 했지."

아이가 엄마를 바라봅니다. 사랑스럽고 자랑스러운 우리 엄마, 엄마가 세상에서 최고입니다. 이런 엄마와 시간을 함께한 아이는 사춘기의 격동을 반항으로만 보내지 않을 것입니다. 이런 엄마가 많다면 우리의 자녀들은 더 훌륭하게 자랄 것입니다.

제게 많은 가르침을 주었던 초등학교 엄마의 이야기를 함께 공유하고 싶었습니다. 이론이 아닌 실제에서 부모교육 전문가인 저를 감동시킨 이 사례가 널리 퍼지길 바라면서 써보았습니다.

유대인의 자녀교육이 우리나라 교육만큼이나 훌륭해서 종종 인용되지만, 사실 그들도 우리의 자녀교육열에는 미치지 못할 것입니다. 그러나 우리가 우리식 교육방식을 조금 우려하면서 유대인의 교육법에 관심을 갖는 것은 뭔가 차이점을 느끼기 때문이겠지요. 그 차이가 저는 '실천'이라고 생각합니다.

아는 것보다 더 중요한 일은 느끼는 것이고 느낀 다음에는 반드시 실천해야 합니다. 자녀양육법에 대한 지식이 넘치는 시대입니다. 그 지식을 머리에만 둔다면 '머리로 하는 사랑'에 불과합니다. 그것을 가슴으로 내려오게 해서 깊이 느끼고, 우리의 아이들에게 실천해야 하지요. 얼마만큼 아느냐가 아니라 어떻게 실천하느냐가 성공적인 자녀양육의 열쇠입니다. 보물창고가 어디에 있는지, 그 안에 우리가 원하는 보물이 얼마나 가득한지를 아는 것은 이론입니다. 보물창고의 열쇠를 열고 들어가세요. 그것이 실천입니다.

저는 그 카페의 엄마에게 다가가 제 명함을 건넸고 이후로 꾸준히 교류를 하고 있습니다. 학급회장인 아이는 집에서는 위로 누나들만 있는 하나밖에 없는 아들이라서 자칫 버릇없을 수 있었지만 반듯했습니다(거리에서 만난 아이는 다행히 다른 아이였습니다). 게다가 요즘 귀한 덕목으로 손꼽는 자존감이 발달한 아이였고, 자신감도 가득했습니다. 대치동이라는 지명 때문에 오해할까 덧붙입니다. 아이는 사교육의 혜택에서 비껴나 있었고 엄마는 소박했습니다. 아이가 자랑스럽게 여기는 좋은 엄마가 교육의 중심에 놓여 있다는 것이 제가 본 이 아이의 최고의 교육 여건이었습니다.

아이는 엄지를 치켜 올리며 말했습니다.

"우리 엄마요? 세상에서 제일 훌륭한 분이에요. 저랑 말이 통하니까요."

아이가 원하는 것을 안다면 '말이 통하는 엄마'라는 찬사를 들을 자격이 충분합니다.

"맞아! 진짜 훌륭하서."

저도 같이 엄지를 치켜 올렸습니다.

아이의 카페나 블로그를 방문해보자

부모는 늘 자녀의 모든 것을 궁금해한다. 어떤 생각을 하는지, 친구들과의 관계는 어떤지, 취미가 무엇인지, 요즘 아이가 관심 있어 하는 것은 무엇인지 등등.
하지만 직장맘은 아이의 관심사를 자세히 알아볼 시간도 없고 여유도 부족하다. 그러나 전업주부들도 나름 바쁜 일상을 보낸다. 설령 자녀와 많은 시간을 함께 보낸다고 해도 '자녀에 대해 더 잘 아는' 것도 아니다. 대화를 많이 한다고 해도 자연스럽게 많은 것을 알기란 쉽지 않다.
아이의 카페나 블로그를 방문하면 아이에 대해 많은 것을 알게 된다. 알아야 부모로서 어른으로서 멘토 역할을 할 수 있다. 엄마가 읽은 책 이야기, 아이들의 고민에 대한 카운슬링 등을 아이들의 마음에서 진지하게 글을 써 올리자. 아이는 자신의 블로그를 방문한 엄마를 자랑스럽게 생각할 것이다. 또 있다. 아이는 엄마가 자신과 교감하는 엄마, 소통 가능한 엄마라고 생각한다.
주의할 점은 너무 설교하려 하거나 가르치려고 하면 안 된다는 것이다. 자연스럽게 엄마의 생각을 풀어놓고 주위에서 들은 말, 명언, 추천하고 싶은 책을 올려 부모가 말하고자 하는 메시지를 전달하는 것으로 충분하다.

> 다섯 살 손녀딸을 맡아 키우고 있는데 더 잘해보려고 부모교육 강의를 들으러 왔다는 어느 할머니께서 질문 시간에 번쩍 손을 들더니 말했습니다.
> "박사님, 요즘 제가 손녀를 키우다 보니 격세지감을 느끼는데요. 애들이 지 자식 사랑하는 건 알겠는데 사랑할 때는 안 하고 안 해도 되는 사랑은 하는 것 같아요."
> 저는 할머니의 다음 말씀을 기다렸습니다.
> "비싼 옷은 서슴없이 사주면서 애랑 노는 건 귀찮아하고, 부부가 애들 앞에서 오빠, 오빠 불러서 이게 부모인지 남매인지 구분이 안 됩니다. 또 부부가 서로 양보 안 하고 사소한 걸로 목숨 걸고 싸우대요. 지 눈의 들보는 못 보고 남의 눈의 티끌은 잘 본다는 속담이 있는데 얘네들이 다투는 이유가 다 그런 것들이에요. 박사님은 어찌 생각하십니까? 이런 애들 같은 부부한테 애들이 있다는 게 영 믿음이 안 갑니다. 이게 우리 애들만의 문제인지 부모교육을 많이 해보신 박사님께 자문을 구하고 싶습니다."
> 50대 후반이라는 할머니는 손녀의 엄마아빠, 즉 당신의 딸과 사위에 대한 이야기를 하고 싶었던 겁니다.
> 할머니의 말에 대다수 청중은 공감을 표했고 서로 의견을 제시하며 자체적으로 2차 강연을 이어갔습니다. 주제는 부부의 호칭 문제, 그리고 '애들 같은 애들 부모'였습니다.

05
자녀교육의 열쇠, 행복한 가정

인생 제2막 부부, 인생 제3막 부모

파워포인트로 제시된 제 부모교육 강연 자료에 이렇게 큰 글씨가 써 있습니다.

'인생 제2막 부부! 인생 제3막 부모!'

그랬더니 요즘은 결혼할 때 이미 아이를 가진 부부가 많아 결혼과 동시에 부모니까 인생 제2막이 부모라고 누군가 농담같이 말하더군요. 일리가 있습니다. 그래도 아이가 세상 밖으로 나오기 전 단 몇 개월만이라도 '부부의 무대'를 가져야 합니다. 그래야 '부모의 무대'를 멋지게 연출할 수 있을 테니까요.

태어나서 기고 걷고 유치원에 입학하고 초등학생이 되고 고민 많던 사춘기를 지내고 어렵고 힘든 대학 관문 통과해 직장 구하고, 사랑하고, 결혼하고……. 인생은 참으로 다양하고 역동적인 드라마입니다. 각 시기마다 우리는 의식했든 그렇지 않든 스스로 각본을 쓰고 연출하며 여기까지 왔지요. 어떤 사람은 새해에 한 해의 계획을 세우고, 매일 다이어리가 빡빡하게 일정을 만들고, 송년의 끝자락에서는 '미리 쓰는 유서'까지 작성하며 치밀하게 인생을 살고, 우리 또한 평범하지만 나름의 인생에서 스스로 대본을 쓰고 주연으로 활약하며 여기까지 왔습니다.

지금까지 잘살았습니다만, 결혼에는 완벽한 기승전결의 스토리텔링을 가진 각본이 필요합니다. 그냥 자연스럽게 살자고 말하는 건 직무유기입니다. '부모로서의 인생'은 절대 만만한 무대가 아니니까요.

나 혼자 주연인 세상에서 또 다른 주연을 배우자로 맞이했습니다. 호흡을 맞추어야 합니다. 단막극도 만만치 않은데 하물며 이건 평생 드라마이며, 막을 내리지 못하는 무대입니다. 하나 더하기 하나는 둘이라는 부부학 원론에 따라 원원의 시너지를 창출해야 합니다. 노랑색 물감과 빨강색 물감이 만나 서로 섞여 또 다른 색깔의 주황색을 만들어도 좋고, 자기 색깔인 노랑색을 잃고 싶지 않다면 상대방의 빨강색을 그대로 인정해도 좋습니다.

저마다의 기질이 있는 것은 결혼 전이나 지금이나 같습니다만 그것을 서로 인정만 받으려고 할 때는 문제가 생깁니다. 기질은 성격으로 다듬고 그 성격을 더 세련되게 세팅해서 '인격'이라는 보석으로 가공

해서 결혼을 해야 합니다. 아이 같은 기질을 유지한 채, 어른이 채 안 된 성격을 가지고 결혼을 하면 매사 상대를 못마땅해하며 부딪치다가 서로 상처 입었다고 아우성칠 것입니다.

청소하기 싫어도 누구든 또는 함께해야 합니다. 상대가 '수건을 사용한 후에는 바르게 걸어놓았으면 좋겠다'는 말을 하면 옳은 의견으로 받아들이고 실천해야 행복하지요.

상대의 의견에 비뚤게 대응하면 사소해 보이는 문제로도 목숨 걸고 싸우게 됩니다. 상대방에게는 그것이 작은 일이 아닙니다. 중간부터 눌러진 치약을 보면 그냥 지나칠 수 없어 아래에서 다시 짜서 정리를 했을 것이며, 아무렇게나 걸쳐진 수건도 바르게 걸어놓았을 것이며, 현관에 함부로 벗어놓은 신발도 다시 정리했을 것입니다. 그러다가 요청한 것입니다.

"이왕이면 바르게 걸어놓으면 좋겠어."

많이 생각하고 혼자 애쓰다 말한 것이니 그 말을 존중해주세요. 상대가 원하는 것이 불합리하고 피해를 주는 일이 아니라면 '협조'해야 합니다. 그것이 존중입니다. 결혼을 하면 사랑도 변해야 합니다. 심장이 쿵쾅거리는 사랑을 평생 할 수는 없지요. 그렇다면 심장병 걸려 살 수도 없을 겁니다. 그런 불상사를 막기 위해서인지 신께서 사랑도 시기에 따라 변하도록 만들었나봅니다. 결혼을 하면 심장 터질 듯한 사랑에서 바라보면 든든하고 애틋해지는 또 다른 사랑이 시작됩니다. '믿음과 존중'이라는 사랑이지요. 이 사랑은 상대방을 인정하고 받아들이는 마음이며 핵심은 '상대방의 말'을 존중하는 것입니다.

 ### 인생 제2막은 조율의 무대

노력 없이는 도저히 인생 제2막을 성공시킬 수 없습니다. 그러나 사랑으로 시작된 관계이기에 이 노력은 튼실한 결실, 아름다운 가정이라는 열매를 맺습니다.

많은 사람의 축복 속에서 결혼을 하고 같은 공간에서 함께 살게 되면 그동안 안 보였던 모든 비밀이 적나라하게 드러납니다. 긴 생머리 윤기 나게 찰랑이며 뽀샤샤했던 얼굴의 사랑스런 여자가 아내가 되었습니다. 막상 같은 욕실을 사용하며 알게 되었습니다. 욕실 바닥에 흩뿌려져 있거나 욕조 배수구를 꽉 막아버리는 공포의 머리칼. 그리도 옷차림이 멋졌던 내 여자, 같은 방을 사용하면서 알게 되었습니다. 이것저것 입어보고 급하게 출근하려다 보니 여기저기 옷을 던져놓다시피 하고 나간다는 것을. 그리도 깔끔하고 상큼한 여자가 내 아내가 되었습니다. 한 집에서 살다 보니 청소와 별로 친하지 않다는 것도 알게 되었습니다. 청소기는 남편인 내가 돌린다 해도 정리는 함께하면 좋을 텐데, 남편인 내가 다 하는 걸로 아나봅니다.

억울해도 할 수 없습니다. 여자들의 이야기를 들어보면 남편에 대한 불평거리는 더 많으니까요. 자연히 제2막은 서로 조율하는 장입니다. 치열하게 아주 열정적으로 부부가 좌충우돌하고 협상하며 가정의 분위기를 바람직하게 만든 후 '부모'가 되었으면 합니다. 부부가 되었으면 한 여자, 한 남자가 아니라 이제부터 아내와 남편의 위치를 잡아야 하지요.

먼저 상대방의 장점을 높이 사고 단점은 서로 보완해주세요. 상대를 내 관점에서만 바라보고 평가하고 비난하기 전에 그 사람이 살아온 시간을 이해해주어야 합니다. 각각의 가정에서 부모의 귀한 자녀로 자랐음을 인정하는 것입니다. 모든 부모들이 시행착오를 거치면서도 나름의 최선을 다해 키운 사람이 현재의 아내이고 남편입니다. 이것을 인정해주는 일부터 시작해야 합니다.

효과적으로 자신의 의사를 전달하면서 상대의 공감도 끌어내는 대화의 기술이 바로 'I-Message(나는……, 내 생각에는으로 말하기)'입니다. 상대의 감정을 건드리지 않고 내 생각을 말하는 것이지요. 부부관계에서뿐 아니라 자녀교육에서도 유용한 이 기술을 잘 쓰는 사람은 분명히 성공적인 인간관계를 맺습니다.

"여보야, 나 오늘 점심에 순두부찌개 먹었는데 맛있더라. 자긴 뭐 먹었어요?"

이런 정도로 '말 걸기'를 하는 겁니다. 시비 거는 아내, 따지는 남편, 서로 다그치는 부부가 아니라 양보하고 조율해가며 결혼생활을 잘 이끌어가야 합니다. 'I-Message'가 습관이 되면 훗날 자녀와의 대화에서도 큰 힘을 발휘합니다. '너 때문에'가 아니라 '내 생각은'으로 시작해보세요. 아름다운 조율이란 이런 것입니다.

남편, 아내하기 나름이다

제 지인 중에 정말 말수 적은 장남과 결혼한 사람이 있습니다. 얼마나 말이 없는지 집에 오면 클래식 듣고 책 보는 게 전부더랍니다. 연애 때는 '이 남자가 데이트를 많이 안 해봐서 수줍어서 그런가보다, 진중해서 참 믿을 만하다' 그랬는데 함께 살기는 좀 갑갑하더래요. 그런데 아내에게만 그러는 게 아니라 시댁에 가도 부모님께 인사드리고 나면 책 읽거나 신문을 보더랍니다. 비로소 알았지요.

'아하, 이 남자, 성격이구나.'

그래서 아내는 남편의 성격을 탓하지 않고 인정했습니다. 잘못이

아니니까요.

그 부부가 미국에 가 있는 동안 초대를 받아 일주일을 머문 적이 있습니다. 놀랐습니다. 부부는 늦도록 무슨 할 얘기가 그리 많은지 도란도란 속닥속닥 자분자분 이야기보따리를 풀고 있었습니다. 워낙 말수 적고 목소리가 낮았던 그 남편은 아내 못지않게 사부작사부작 참 말도 잘하는 사람이 되어 있었습니다. 뭘까요, 이 놀라운 성격의 변화. 성격 고치기는 정말 어렵다는데 그 비법이 무엇인지 궁금했습니다.

그 놀라운 변화의 단서는 '아내가 남편에게 관심 보이며 말 걸기'였습니다. 남편이 하는 말을 존중하고 짧은 대답에도 재미있게 반응해 남편을 서서히 아내가 원하는 방향으로 변화시킨 것이지요. 좋은 쪽이라면 길들이는 게 무엇이 나쁘겠습니까? 놀라워하는 제게 지인이 이렇게 말하더군요.

"요즘은 남편이 나보다 말을 더 잘해요."

모름지기 부부란 이렇게 조율해가는 것입니다. 상대의 성격이나 단점을 비난하지 않고 있는 그대로 받아들이며 원하는 방향으로 맞춰나가는 것이지요. 부부가 어디 예사 인연이던가요. 내 소중한 사람, 내 아름다운 인생, 이것이 지금 당신 곁에 있는 아내이며 남편입니다.

아내, 남편하기 나름이다

남편이여, 명심해야 할 것이 있습니다.

남편의 반응 여하에 따라 아내는 애교 넘치고 사랑스런 양처도 되고, 반대로 무뚝뚝하고 툴툴거리는 아내도 되지요. 아내의 관심을 잘 받아들여야 합니다.

아내가 점심 뭐 먹었냐고 물어보는데 '귀찮게 별걸 다 묻고 있네'라고 추호라도 맘속에서 이런 생각이 나오지 않게 단속 잘해야 합니다. 아내에게 있어 이런 질문은 남편에 대한 관심이며 사랑입니다. 밤 10시, 아직 귀가하지 않은 남편에게 전화를 했을 때 혹여라도 간섭이라 여기면 안 됩니다. 궁금한 겁니다. 사랑하니까요. 이것을 구속이라 여기면 사랑은 쇠사슬로 변해 서로의 손발을 묶고 가정은 감옥이 됩니다. 언제 나가고 들어오든, 나가서 무슨 일이 있었든, 무슨 일을 하고 다니든 묻지도 않고 관심도 안 갖는 것을 자유라 여기고 그런 아내의 맘이 넓고 관대하다고 생각하는 남편이 있다면 다시 확인해보세요. 아내의 성격이 무던해서일 수도 있지만 무관심한 것일 수 있습니다. 무관심이 사랑이고 편하다고 생각한다면 무언가 잘못된 것입니다.

이왕 사는 내 인생, 인생의 영원한 내 편인 지지자 한 명쯤은 있어야 하지 않겠어요? 언제나 내 생각을 먼저 해주고 나를 인정해주는 아내를 평생 곁에 두고 친구처럼, 연인처럼 사랑하며 애틋하게 살아간다면 아, 인생에 무엇이 더 부러울 게 있을까요. 이만하면 성공한 삶이지요. 행복한 인생이지요.

이런 아빠가 있는 가정, 개념 있는 남편과 아내가 엄마와 아빠로 있는 가정에서 아이가 잘 자라는 것은 당연합니다.

아이 앞에서는 부부 호칭도 교육적으로 접근하자

부부의 호칭을 정리하는 것도 좋습니다. '오빠!'는 아내도 익숙해서 좋고 듣는 오빠(남편)도 편하겠지만, 좀 더 부부다운 호칭을 연구해보는 것도 괜찮지 않을까요?

호칭은 생각보다 중요합니다. 어떤 사람을 그답게 만드는 게 호칭이니까요. 우리는 직장에서 직급을 붙여 부르지요. 내가 과장에서 부장으로 승진을 했는데 여전히 과장님이라고 부르는 직원이 있다면 별로 상대하고 싶지 않을 것 같습니다. 학교에 가서 '직장 예절'을 다시 수강해야 할 사람입니다.

특히 부모가 되었을 때 아이 앞에서의 호칭은 중요합니다. 아이가 생기면 더 이상 오빠가 아닙니다. 엄마가 아빠보고 오빠라고 부르면, 아이는 '나는 뭐지?'가 되는 것입니다. 아이 앞에서는 오빠, 또는 아내의 이름을 부르는 대신 아이 이름을 넣어서 '지수 엄마', '지수 아빠'라 하는 것이 좋습니다. 엄마와 아빠의 사이에 함께한다는 안심과 자신도 가족의 구성원이라는 소속감까지 아이에게 전달되니까요.

부부에서 부모가 되었을 때 호칭은 두 부부만의 문제가 아닙니다. 아이의 입장까지 고려되어야 합니다. '사랑'은 그의 이름을 제대로 불러주는 것이니까요.

그럼 그 좋은 호칭 '오빠'는 언제 사용하느냐구요? 둘이 있을 때 많이 쓰세요.

호칭이 관계를 더 돈독하게 합니다. '야!'라는 호칭은 절대 안 됩니다. 비인격적입니다. 아이들도 "사랑하는 우리 서현아!", "햇살 같은 우리 찬희!"라고 부르면 정말 사랑스럽고 햇살 같은 아이가 됩니다. 사람은 기대하는 만큼 행동하고 발전합니다. 피그말리온 효과가 이를 뒷받침해주고 로젠탈 효과가 이를 입증해주었지요. 부부끼리 서로 멋진 수식어를 붙여주지는 못할지라도 부부에 알맞은, 적합한 호칭을 부르는 것이 관계 형성의 기본입니다.

따뜻한 가정, 자녀교육의 초석

부부가 되어 서로 조율하고 그에 맞는 호칭도 정리했으면 이제 서로 주인공이 된 것입니다. 만약 결혼 전에 별 생각 없이 조연으로 살았다면 결혼과 동시에 자신을 주연급으로 승격시키기 바랍니다. 누가 발탁해주는 것이 아닙니다. 자신의 결정입니다.

강조해도 지나침이 없는 말, 아내는 남편을 주인공으로 대접하고 남편 또한 아내를 주인공으로 대우해야 하는 것을 잊지 마세요. 부부는 공동 감독자이며 집필자이자 주연입니다. 서로가 중요한 사람임을 인정하지 않을 때 이 무대는 실패로 끝날 것이고 조기 종영을 할 수도 있습니다.

남편이여, 아내를 향해 꽃 한 송이 바치며 이런 대사 어떨까요?

이제 우리가 부부가 되었습니다. 새로운 무대의 막을 올린 것입니다. 많은 사람이 관객이 되어 우리를 격려하고 걱정하며 지켜보고 있습니다. 우리의 무대는 많은 사람의 관심을 받기에 충분한 가치가 있습니다. 우리 부부는 특별하고 소중하니까요.

부모가 되면 무대의 배경도 바꾸어야 하고 각본도 다시 써야 하겠지요. 부모노릇 쉽지 않을 텐데 우리가 잘할 수 있을까요? 두려우면서도 가슴이 벅찹니다.

당신을 만나 제 인생이 아름답습니다. 앞으로 우리 아이도 정말 멋지게 키웁시다. 당신이 내 곁에 있어준다면 어떤 역할도 자신 있습니다. 이 공간에 당신과 함께 있어 행복합니다. 당신을 사랑합니다.

아내여, 남편의 등 뒤에서 이런 고백은 어떤지요.

여보, 당신은 뒷모습도 당당하고 멋지네요. 당신을 선택한 건 내 인생 최고의 결정이에요. 당신과 함께하는 공간, 따뜻하고 아름답게 가꿀게요. 당신과 우리 아이가 이 공간에서 평화를 느끼고 휴식을 할 수 있게 제가 많이 노력할 거예요.

제가 가끔 이기적일 때 당신이 잘 도닥여주세요. 금방 깨닫고 다시 좋은 아내, 훌륭한 엄마가 될 수 있게 당신이 도와주세요. 당신이라면 그럴 수 있을 거예요.

당신의 뒷모습이 더 당당할 수 있도록 제가 곁에서 힘이 될게요. 당신과 함께 있어 감사합니다. 사랑합니다.

이런 엄마와 아빠 사이에서 자라는 아이라면 확신컨대 기대 이상으로 클 것입니다. 바라는 모든 미덕을 갖춘 멋진 아이로 자랄 것입니다. 엄마아빠를 통해 본 사랑으로 건전한 이성관을 가지고, 배려와 양보, 타협과 조율, 타인을 수용하는 능력을 갖출 테니까요. 그리고 가정을 조화롭고 평화롭게 이끄는 부모를 통해 배운 리더십을 발휘하며 멋진 인생을 살겠지요.

행복한 가정을 이루고 사는 부부야말로 아이를 가장 잘 키우는 훌륭한 부모입니다. 행복한 부부는 그 자체로 사회에 공헌을 하고 있는 것이며, 부모라는 재능을 발휘해 사회와 국가에 잘 키운 자녀를 훌륭한 인재로 배출해주니 엄청난 기부를 하는 셈입니다.

자녀교육의 핵심 키워드, 행복한 가정입니다.

그러나 만약 지금 당신의 가정이 행복하지 않다고 느낀다면

1. 죄책감을 갖지 마라

서로를 탓하지 말고 둘 사이를 그대로 인정하라. 아이에게 행복한 가정이 최선이지만 차선도 방법이다. 부부 사이가 좋지 않다고 해서 좋은 부모가 되지 말라는 법은 없다. 부부 사이가 좋지 않아서 아이에게 미안하다는 마음이 들면 그것이 죄책감으로 발전해 또 상대 탓을 하느라 부부싸움이 잦아질 수 있다. 이것은 오히려 더 악영향을 준다. 부부 사이를 원망하느라 소모전을 하면 부모로서 아이를 제대로 사랑할 수 있는 차선의 방법도 놓칠 수 있다.

2. '어긋난 부부' 사이에 집착하지 말고 '부모의 역할'에 정성을 다하라

최선을 다해 노력해도 '안 되는 부부 사이'라는 판단이 들면 그대로 받아들이고 부모로서 최선을 다하자. 아이는 '사랑하는 부부로서의 부모'가 만드는 평화로운 가정을 원하지만 아이에게 더 직접적으로 영향을 미치는 것은 '부모의 역할'이다. 부부가 사랑하지 않는다고 해서 좋은 부모가 될 수 없는 것은 절대 아니다.

사랑하는 부부, 행복한 부모가 금상첨화겠지만 그게 아니어도 괜찮다. 그러나 절대 설상가상은 만들지 마라. 설상가상 부부는 부부로서 사랑하지도 않고 좋은 부모도 아닌 경우로 아이 앞에서 서로 원망하며 갈등상황만 보이는 부부다. 아이는 이런 경우 가장 불행하다.

만약 당신의 가정이 편부모라면

1. '불안정한 부부 사이보다는 안정된 편부모가 더 나을 수도 있다'는 마음을 갖고 아이에게 좋은 영향을 주려고 노력하면 불안정한 가정에서 자라는 아이보다 더 나을 수 있다.

2. 아이 때문에 헤어지지 못한다고 하면서 '너희 때문에 사는데……', '누구 땜에 이렇게 희생하는데……' 하며 아이에게 부담을 주는 갈등 부모보다 편부모 자녀가 더 안정감 있게 자랄 수 있다.

3. **편부모 가정이라 해서 결핍이 있다는 편견을 갖지 마라**

부모가 다투고 서로 갈등하는 모습을 보이는 것보다 지금의 상황이 더 낫다는 마음, 정서적인 안정감을 갖고 편안한 마음으로 아이를 키우면 아이에게 그 정서가 전해진다. 한 부모가 없다고 해서 그만큼의 결핍이 일어나는 건 아니다.

4. **한부모 가정은 더 이상 그 자체가 문제가 되지 않는다**

갈등 상황을 참으며 사는 부모 사이에서 공포를 느끼는 아이보다 한부모와 안정되게 사는 아이가 나을 수 있다. 한부모의 사랑 가운데서 자란 아이는 성장하면서 그 부모를 이해하고 상황을 받아들여 오히려 결단력과 문제 해결력이 있는 건강한 인격체로 클 것이다.

부모의 말이
형제자매 사이를 결정한다

동생 앞에서 형을 야단치지 마라

자녀들이 다툴 때 참 난감합니다. 형제자매도 전생에는 필시 어떤 관계가 있었음이 분명한지 죽어라 다툴 때는 밉고 화도 치밀지요. 그러나 이때야말로 좋은 기회입니다. 부모의 인내와 지혜가 형제자매의 관계를 돈독하게 할 수도, 남보다 못한 사이로 만들 수도 있으니까요. 부모의 입장에서는 모든 자녀가 소중하기에 저희들 잘되라고 하는 몇 가지 행동이 형제자매 사이를 더 악화시킬 수도 있습니다. 그래서 부모님들과 지혜를 나눠볼까 합니다.

　무엇보다 형이 실수를 했어도 또한 꾸중할 일이 생겼어도 동생이 보는 앞에서 야단을 쳐서는 안 됩니다. 아이들에게도 체면이 있습니다. 특히 자기보다 손아랫사람이 있는 자리에서 꾸중을 들을 경우, 형이나 누나의 귀에는 이미 부모의 말은 들리지 않습니다. '창피하게'라는 생각만이 지배적일 것입니다. 부모는 아이 잘되라고 한 꾸중이었지만, 아이에게는 그 안에 담긴 관심과 사랑은 전혀 전달되지 않고 오히려 반항과 부모에 대한 불신만 깊게 자리 잡을 뿐입니다.

　꾸중도 때와 장소를 가려 해야 합니다. 자녀들의 세계에도 형제의 서열이 있어야 하지요. 형이나 누나가 의젓하게 보이도록 위신을 세워주어야 형답고 누나다워집니다.

　"형이 돼가지고 하는 행동이 그게 뭐야."
　"누나가 돼서 하는 건 꼭 어린애야. 그래서 동생이 뭘 본받겠니?"
　의젓하지 못한 형, 본받을 게 없는 누나일수록 부모님이 그렇게 만드는 경우가 대부분입니다.

니다. 형과 누나가 '난 원래 그렇고 그런 애야'라는 자기비하를 하지 않도록 좀 더 주의를 기울여 대해주세요.

    파이 한 조각을 두고 오빠와 동생이 나누어 먹으려고 합니다. 오빠가 파이를 자르려는 순간, 엄마가 들어왔습니다. 오빠가 동생보다 큰 조각을 가지려고 하는 것을 엄마는 알았습니다. 엄마는 터져 나오려는 말을 잠시 멈추고(너, 네 꺼 크게 자르려고 했지?) 잠시 생각했습니다. 그리고 이렇게 말했습니다.
    "누가 파이를 자르든 상관하지 않을 거야. 그런데 파이를 자른 사람은 상대방에게 먼저 고를 권리를 주어야 한다."
    오빠는 파이에 놓았던 칼의 위치를 바꾸었습니다. 그리고 자신이 할 수 있는 한 가장 정확한 솜씨로 두 조각을 거의 같게 잘랐습니다.

왜 오빠한테 대들어

한 살 터울의 다섯 살, 여섯 살 된 남매가 있습니다. 여자 동생은 말도 야무지게 하고 이해력도 빠른, 말 그대로 똑똑한 아이입니다. 오빠는 또래보다 말도 조금 늦고 발육도 더딘 편입니다. 가만있어도 이 남매는 한눈에 비교가 됩니다.
    오빠는 한시도 부모의 꾸중으로부터 자유로울 때가 없습니다.
    "또 일 저질렀네. 그러니까 엄마한테 달라고 하지, 왜 네가 주스를 혼자 따라. 아이구, 정말 내가 너 때문에 못살아."
    "또야? 왜 그래 도대체. 왜 그렇게 행동이 굼뜨고 하는 일마다 실수투성이야."
    이 정도는 예사입니다. 어느 날은 이런 말도 듣습니다.
    "도대체……. 네 동생 좀 봐라. 어째 동생보다 못하니."
    오빠가 엄마로부터 많이 듣는 말은 '도대체', '또', '너 때문에', '못살아'입니다.
    어느 날, 외출했던 엄마가 돌아오자마자 동생이 엄마에게 쪼르르 달려와 이릅니다.
    "엄마, 오빠가……."
    구석에 서 있던 오빠는 "으앙!" 울음을 터뜨립니다. 오빠가 뭔가 일을 저질렀나봅니다. 오빠의 울음에는 아랑곳 않고 동생이 말합니다.
    "오빠가 어항에서 금붕어 꺼내다 화분 깨뜨렸어."

오빠의 울음소리가 더 커집니다.

"시끄러! 왜 울어! 어디, 어딨어. 깨진 화분 어딨어?"

엄마는 조각 난 화분에서 떨어진 흙더미와 어질러진 거실을 보며 화를 냈습니다.

"너, 이리 와. 왜 또 그랬어? 어? 대답을 해. 왜 말썽이야. 오빠가 돼갖고, 응?"

엄마는 대답할 시간도 주지 않으면서 대답을 하라고 다그쳤고 오빠의 엉덩이를 두어 대 펑펑 두드렸습니다. 아이는 더 크게 웁니다. 엄마는 뚝 그치라고 했지만, 아이는 끝내 엉덩이를 서너 대 더 맞고서야 울음을 삼킵니다.

"엄마, 근데 오빠가 아까……."

"시끄러. 너는 왜 오빠를 고자질해. 그거 좋은 거야 나쁜 거야, 응? 오빠한테 맨날 대들고 왜 일러!"

어안이 벙벙해진 동생이 눈을 끔벅이더니 삐죽삐죽 웁니다.

"왜 울어? 너, 오빠 말 안 듣지? 오빠야, 아니야? 네가 동생 맞아, 안 맞아? 근데 왜 오빠 일러, 응?"

동생이 더 크게 웁니다. 옆에서 눈물을 삼키던 오빠가 동생을 보더니 씨익 웃습니다. 울던 동생이 오빠를 때리며 말합니다.

"이 바보야. 너 때문이잖아, 너 때문이잖아."

화가 난 엄마가 그냥 지나칠 리 없습니다.

"누구보고 바보래. 너 이리 와. 오빠한테 그게 무슨 말버릇이야. 이리 와."

엄마는 끝내 동생의 엉덩이도 한 대 펑 때립니다.

형제자매는 한 몸

형제는 부모에게 똑같이 몸을 물려받았으니 나와는 한 몸이나 다름없다. 그래서 저는 저고 나는 나라는 생각을 가져서는 안 되며 음식과 의복은 있고 없는 대로 모두 함께해야 한다.

이율곡의 《격몽요결》에 나오는 말입니다. 이율곡의 생가인 강릉 오죽헌에 답사를 갔을 때 이 문구가 새삼 가슴에 와닿아 몇 번 입속으로 되뇌었습니다.

신사임당이 이율곡을 역사에 길이 빛나는 성현으로 길러낸 것도 부모교육의 힘을 보여준 좋은 사례입니다. 율곡이 《격몽요결》에 쓴 형제에 대한 마음은 올바른 부모에게서 보고 배워 익힌 것이겠지요. 좋은 부모는 형제 사이를 이토록 따뜻하고 우애 넘치게 이끕니다. 자녀로 하여금 인륜의 소중함을 깨닫고 지키게 하는 것은 부모의 역할입니다.

"왜 오빠 말 안 들어"라고 하지 말고 평소에 오빠의 체면을 살려주어야 합니다. 그러면 저절로 동생은 오빠의 말을 존중합니다. "왜 동생한테 양보 안 해?"라고 하기 전에 동생 앞에서 형이나 누나의 좋은 점을 칭찬하고 형과 누나 스스로 '난 괜찮은 아이'라는 자존감을 갖도록 격려하고 존중해야 합니다. 그런 형과 누나만이 동생 앞에서 의젓하고 배려하는 행동을 보입니다.

어린 시절, 교과서에서 읽었던 〈의좋은 형제〉 이야기가 기억납니다. 어린 마음에도 서로를 위해주는 형과 아우의 우애가 참으로 감동스러웠지요. 부모교육을 하면서 형제자매를 사이좋게 키워내는 부모의 태도에 대해 생각하게 되었습니다. 우리가 어떻게 하면 형제자매가 우애 있게 자라도록 할까요? 저는 의좋은 형제의 부모가 두 아들을 그렇게 잘 키웠다고 확신합니다. 아마도 의좋은 형제의 부모는 아우 앞에서 형을, 형 앞에서 아우를 존중했을 것입니다. 형제는 한 몸이라고, 사랑과 존중의 이름으로 두 형제를 키웠을 것입니다.

모 방송국에서 진행한 박정희 할머니의 〈육아일기〉 편에 전문가 패널로 출연했는데 그때 다섯 자녀의 육아일기를 쓴 박정희 할머니와 따님인 유명애 화가를 가까이에서 지켜보며 큰 감동을 느꼈습니다.

유명애 씨에게 어머님이 딸만 넷을 낳고 마지막으로 아들을 낳았는데 혹시 딸이라서 남동생과 차별대우를 받아봤느냐고 질문했습니다. 유명애 씨는 '어머니는 우리 모두가 사랑받고 있다고 느끼게 키워주셨고 자존감을 갖도록 해주셨다'고 잔잔한 목소리로 대답했지요. 90대 노모와 60대 후반의 딸 세대에도 이런 자녀교육이 있었기에 우리는 사람이 재산인 나라에서 살게 된 것이라는 생각이 들었습니다. 또한 형제자매의 관계는 부모가 자녀들을 대하는 태도에서 비롯됨을 다시 한 번 확인하고 감동을 받았던 소중한 시간이었습니다.

형제와 자매는 자주 싸울 수밖에 없습니다. 특히 터울이 적은 경우에는 당연하다고 생각해야 합니다. 형제자매는 함께하는 시간이 길므로 충돌이 일어나는 횟수도 많습니다. 또한 형제자매는 아직 고만고만한 나이이므로 양보하는 것도 쉽지 않습니다.

형은 생각합니다. '동생이 감히 형한테 대들어?'

동생은 이렇게 생각합니다. '형이라면서 동생한테 양보를 안 해?'

이런 기 싸움이 티격태격 몸싸움으로 발전하기도 합니다. 발달단계입니다. 양보를 모르고 저만 아는 어린 시기일 때는 이 발달단계를 뛰어넘어 어른처럼 행동힐 수 없고, 또 그렇게 하라고 요구해서도 안 됩니다. 중요한 것은 부모가 어떻게 이 '둘의 관계를 존중하는 태도를 보이느냐'입니다.

부모가 디자인하는 형제자매 사이

파이를 자르려는 오빠가 자신에게 유리하게 조각을 내려 할 때 우리는 어떻게 반응해야 할까요? 혹시 무심코 이렇게 말씀했다면 그래도 잘한 겁니다.

"그 칼 이리 줘봐. 엄마가 공평하게 잘라줄게."

이렇게 말하지는 않았을까요?

"저리 가. 오빠라는 애가 동생 조금 주려고……. 너, 니 꺼 크게 자르려 했지? 엄마가 모를 줄 알고. 엄마가 똑같이 잘라줄게."

물론 두 아이 모두에게 공평하게 주고 싶은 마음에서였겠지요. 그러나 엄마는 동생 앞에서 오빠의 흑심을 만천하에 드러내어 망신을 주었고 자존심을 상하게 했으며, 동생에게는 형편없는 오빠로 여길 수 있는 단초를 제공했습니다. 엄마의 의도는 순수했으나 결과는 나빴습니다. 똑같은 것을 받아 쥔 동생도 기쁘지 않고, 망신당할 거 다 당하고 파이 조각을 든 오빠 또한 마음이 불편하기는 마찬가지입니다.

다시 정리하면 두 가지의 오류가 보입니다.

먼저 오빠의 흑심을 동생에게 공개적으로 보여준 겁니다. 그 말을 들은 동생이 어떻게 생각할까요? '아니, 우리 오빠가 그런 사람이야? 못 믿을 우리 오빠. 오빠, 나빠!'

오빠에게 불신이 생긴 동생이 나중에 오빠한테 대드는 건 뻔한 이치입니다. 오빠, 우습거든요.

둘째, 오빠의 치사함을 들춰내 동생 앞에서 오빠의 체면이 말이 아니게 된 겁니다. 자포자기라는 말이 있습니다. '나, 원래 그런 사람이야. 내가 뭘 할 수 있겠어.'

오빠는 동생 앞에서 망신을 당한 겁니다. 물론 파이를 더 먹으려 했던 건 사실이지만, 단순했던 욕구가 만천하에 '잘못'으로 드러난 순간, 오빠로서의 체면과 위신을 잃었습니다. 이미 망신당한 오빠가 동생한테 멋지게 보이려고 노력할까요. 이미 그렇고 그런 오빠가 돼버렸는데요.

그러면 에피소드에 나오는 엄마처럼 해볼까요?

엄마는 이미 알았습니다. 아들이 자신의 몫을 더 크게 자르려고 한다는 것을. 그래서 이렇게 말하지요.

"누가 파이를 자르든 상관하지 않을 거야. 그런데 파이를 자른 사람은 상대방에게 먼저 고를 권리를 주어야 한다."

부모는 아이를 사랑하기에 뭐든지 나서서 해결해주고 싶어 하지요. 기다려주는 일은 쉽지 않습니다. 부모가 해주면 가장 쉽고 빠르니까요. 그러나 에피소드의 엄마는 생각을 했고 기다려주었습니다. 기다려준 만큼 아이들은 더 잘 자라니까요. 오빠도 생각했습니다. 어떤 게 바람직할까? 그리고 누가 보아도 공평하게 잘랐습니다. 그러면서 오빠는 더 많이 배웠을 겁니다. 정당한 힘의 행사, 공평함의 중요성, 그리고 인격적으로 대해준 엄마에 대한 존경.

'Stop - Think - Do'를 실천하는 부모가 되세요. 어떤 상황에서든 잠시 멈춰 생각하고 그러고 나서 말을 하고 행동으로 옮기는 겁니다. 잠깐 멈추고 생각한 후 행동을 하는 습관을 가진 부모라면 자녀들을 윽박지르거나 무안 주어 서로 흠집 나게 하는 것이 아니라 아름답고 우애 가득한 형제자매 관계를 만들어줄 것입니다. 형제자매의 관계는 부모님이 그리는 그림대로 그려집니다.

내 아이의 말을 위한 시

임영주

내 아이가 하는 말에

생각을 담게 하소서

내 아이의 말이 향기를 지니고

그 향기가 다른 이에게 오롯이 퍼져 기쁨이 되게 하소서

내 아이의 말이 따뜻하여

누군가에게 온기로 전달되게 하소서

아기 때 내 아이의 한마디가 주변 사람에게 기쁨이고 환희였듯

지금 내 아이의 말이 누군가에게 기쁨이고 환희가 되게 하소서

내 아이가 말의 힘을 알고 사용하게 하소서

사랑할 때 사랑을 표현하게 해주시고

미안할 때 미안하다고 말하는 용기 있는 사람이 되게 하소서

고마움은 즉시 표현하게 해주시고

원망하는 말은 한 번 더 생각하는 사려 깊음을 주소서

비난함을 두려워하게 해주시고

칭찬함에 인색함이 없는 넉넉한 인품을 주소서

내 아이가 말의 힘을 알고 그 힘을 정의롭게 사용하여

말의 진정한 기쁨을 알게 하소서

내 아이가 무심코라도 다른 이에게 상처를 주지 않게

말을 가려 쓸 줄 아는 지혜를 주소서

세상이 아름답고 살 만한 곳임을 기쁘게 노래하게 하소서

내 아이가 그러하듯 내 아이 가까이에 있는 모든 사람 또한 그러하게 하소서

그리하여 그들이 함께하는 시간과 공간이 더없이 행복하게 하소서

말이 곧 '맘'이라는 평범한 진리를 잊지 않고 살게 하시고

내 아이들이 사는 세상이 말로 인해 격려 받고

내 아이들이 사는 세상이 말로 인해 즐거움 가득하게 하소서

그리하여 내 아이들이 언어로 아름다운 삶을 디자인하며

서로가 서로에게 기쁨이 되게 하소서.

퍼즐을 맞추듯이 조각조각 그림을 완성하는
숫자놀이 스티커북

글 엘리자베스 골딩 그림 제인 숄필드
전 9권, 각권 24쪽, 스티커 6쪽

150개 두뇌개발 스티커 놀이북, 빅 스티커!

빅 스티커를 이용한 활동을 통해 어린이들의 수 개념과 수 감각이 발달하고, 사물의 인지 능력이 향상되며, 매칭을 통해 사고력이 발달합니다. 스티커를 떼어 붙이는 조작 활동은 소근육 발달에 도움이 됩니다.